如何提升爱的能力

【美】芭芭拉·安吉丽思－著

一言－译

北京日报出版社

图书在版编目（ＣＩＰ）数据

如何提升爱的能力 / (美) 芭芭拉·安吉丽思著 ；
一言译 . -- 北京 : 北京日报出版社 , 2018.8
ISBN 978-7-5477-2889-5

Ⅰ.①如… Ⅱ.①芭… ②一… Ⅲ.①爱的教育
Ⅳ.① G40-02

中国版本图书馆 CIP 数据核字 (2018) 第 116820 号

北京版权保护中心外国图书合同登记号 : 01-2018-2197　01-2018-2198

REAL MOMENTS FOR LOVERS By BARBARA DE ANGELIS, PH.D.
Copyright: © 1995 BY BARBARA DEANGELIS
PASSION By BARBARA DE ANGELIS, PH.D.
Copyright: © 1998 BY BARBARA DE ANGELIS , PH.D.
This edition arranged with HARVEY KLINGER, INC.
Through BIG APPLE AGENCY, INC., LABUAN, MALAYSIA.
Simplified Chinese edition copyright:
2018 Beijing Sunnbook Culture & Art Co. Ltd
All rights reserved.

如何提升爱的能力

出版发行：北京日报出版社
地　　址：北京市东城区东单三条 8-16 号东方广场东配楼四层
邮　　编：100005
电　　话：发行部 :（010）65255876
　　　　　总编室 :（010）65252135
印　　刷：三河市华成印务有限公司
经　　销：各地新华书店
版　　次：2018 年 8 月第 1 版
　　　　　2018 年 8 月第 1 次印刷
开　　本：710 毫米 ×1000 毫米　1/16
印　　张：10
字　　数：200 千字
定　　价：49.80 元

特别感谢我的朋友们，

是你们毫不动摇的爱和智慧，

给了我支持，

让我保持清醒、勇气十足，

正因为有你们，这本书才得以呈现。

目 录
Contents

引言

　　这本书是为我在这里所做的工作而写，是我工作当中那些热情、激情的结晶，也算是对你们当中一部分人的某种款待。因为我得知他们已经准备好要去感受更多，让自己的生活更加丰富多彩，让自己的心中能生出更多的爱，从而能让自己的生活变得更加快乐。

　　常常有人问我："芭芭拉，创造幸福、快乐的秘诀是什么？"或者"我需要培养出什么样的品质才能让我真正充满自信地去追求我的梦想？"或者"我应该重点关注自己的哪一点才能让自己的生活变得更加美好？"我对所有这些问题的回答都一样：激情，要富有激情。

　　激情要远远胜过我们对某人所产生的强烈欲望，超过对某项事业的坚定信念，更要远超我们对待伴侣、对待工作和家庭的热忱。它不只是人们想要拥有的某种品质，或期待能够获得的某种情绪，相反，人们之所以能够拥有强大的、充满爱意和善意的能量，激情是其内在源泉，当你把这些能量注入自己的生活，它们就会为你的生活体验和人生际遇带来活力、魔力和意义。充满激情地生活，是一种生存状态，在这样的状态下，你会全心全意地活在当下，过好自己的每一天、每一刻。

激情能让我们敞开胸怀去拥抱生活，激情会为我们打开生活中那些最珍贵的宝藏的大门。带着激情去生活、去爱恋，需要具备极大的勇气，但对于那些想要追求人生最高境界的人而言，除了激情，难道还会有其他的选项吗？去体验激情、表达激情、分享激情吧！这是我们送给自己，也是我们赠与他人、奉献给我们生活着的这个世界的无价之宝。

写这么一本关于反思激情的书，目的就是为了帮助你用一种以前也许从未有过的方式来认真对待、重新审视自己的生活激情，并为你能实现自己所憧憬的自信、自立、自强提供一种新的可能。衷心希望，通过阅读本书，能激发出你更大的生活热情。从而，你会带着更加饱满的激情去工作、去娱乐、去爱恋、去成长。这，也才是你值得并应该拥有的生活。

上部 · 爱的能量

你有能力去创造充实、圆满的生活，
你有能力开创伟大的人生。
这种力量就来自于你的激情。

第1章
生命活力的源泉

♥ **激情，是你之所以成为你的本源**

万物之始，即有激情。你的生命，你在这个地球上的存在，都有源头，源头里就包含着激情。至少有那么一刻，激情的力量如此强大，把一个男人和一个女人连接到了一起，让他们的身体结合了。在那次充满激情的结合中，你生命的种子得以诞生。当那粒种子渐渐长大，瓜熟蒂落，你已经准备好了要降临人间，你用自己生命的全部激情和力量挤进这个世界，你用大声啼哭的方式响亮地、清清楚楚地向所有人宣告：你，已经来啦！

出生以后，你体内的生命律动就一直满怀激情，一刻也不停息。这样的生命律动，除了说它满怀激情，你又能叫它什么呢？心脏一天二十四小时在不停地跳动，日日月月、岁岁年年，无休无止，忠实可靠。每天，肺部都在分分秒秒为你一张一合，呼吸着你一刻也不可或缺的空气，即使是在你睡觉的时候。还有什么能比你的血液更富有激情？它们在你体内成千上万条通道中欢快地奔跑——那些通道平日我们无以得见，却遍布你的血肉之躯——为你的四肢和各个器官送去勃勃生机。

你也许会对此不以为然，以为那些肉体的所谓激情就是为了让躯体自身能存活下去，这只不过是一种生物现象而已。但是，同样是这个激情，还驱使着你走向康乐，奔向幸福，不仅仅是在身体层面上，而且在精神层面上，确立着你的本质属性，决定着你的那个本我。正是因为有了这样的激情，才让你一遍又一遍地走向新生。那些向着更多的真知、更大的幸福、更多的自由所做出的每一个新的开始，每一次内在的升华，前进方向的每一次外部调整，都要由你的内在激情来提供动力。每一次你选择要改变、要成长，实际上，就是你内心的激情在做出选择、在准备行动。

在你一生当中，你的激情就是上天的恩典，让你得到救赎，让你在别人劝你放弃的时候能继续追寻你的梦想，让你在担惊受怕、不知所措的时候依然追逐着你的爱情，让你在自我发现的道路上总是砥砺奋进，即使你不确定坦途到底在哪里，甚至不清楚自己到底在追寻什么。最终,激情将引导你走向你的命运,因为你已经听从自己内心的召唤。

激情对你来说,并不是一种陌生的品质。

人是否富有激情并非天生,富有激情不是与生俱来,缺少激情也并非先天缺失。

富有激情是自然而然的事情,就像人人都要呼吸,人人都希望活着。

激情是你之所以成为你的那个本源。

♥成为你自己激情的源泉

对激情的渴望是普遍的。人性中的某些东西使得我们总在祈盼,想要体验到完完整整的情感,祈盼我们能彻底放下自我、摆脱日常规则与束缚的神奇一刻。我们每个人,都会以各自的方式,力求唤醒我们的内在激情,找寻能够让我们活力四射、生机勃勃的东西。

不知你有没有想过,为什么会有这么多的体育迷?他们似乎总有看不完、看不够的足球、篮球、棒球、曲棍球比赛……当然,这要取决于是什么赛季。也许你已经见识过了,你的伴侣在观看比赛时冲着电视大喊大叫,对着沙发猛拍猛捶,你可能会吃惊:不就是"一场游戏"么,至于反应这么强烈吗?那么，究竟是什么东西让他对那些赛事如痴如醉，以至于他没能哪怕是超过三天不看比赛的？

又或者你有一个朋友成天沉迷于那些肥皂剧，整天抱着那些浪漫小说不撒手。"她怎么就那么爱看那些垃圾呢？"你自己在纳闷儿，"还有那些口水书，难道它们不都是大同小异、有相似的情节和一成不变的情爱场景吗？有啥好看的，还要一本接一本地看，看个没完？"

这样的男人或是女人某一天可能会吃惊地发现，尽管表面上他们看起来很不一样，事实上，他们都在渴望着同一样东西：激情。当他观看一场职业体育赛事时，他看到了什么？通常情况下，一群人在运动场上或球场上奋力奔跑，满怀激情地、全神贯注地、奋不顾身地在朝着目标努力、拼搏。当她在读浪漫小说时，她会接触到什么？书中对角色以及那些戏剧性的生活描绘，让她感觉激动、兴奋和强烈的刺激。是的，那就是激情。

正是激情使我们愉悦。当参赛的一方没了激情、死气沉沉时，比赛就会变得相当乏味。"这些家伙都睡着了不成？"一位粉丝很不情愿地换了个频道，沮丧地抱怨，或者干脆早早离开赛场，回家，希望能赶上另一场更富有激情的比赛的尾声，当然是在家里的电视上。当一本小说没有激情，写得平铺直叙、拖拖沓沓，你很快就会失去阅读的兴趣。你会把书往边儿上一丢，失望地嘟囔一句："真没意思，什么都没发生。"

人们为了满足自己对激情的欲望，会"奖赏"那些能将我们的情感和情绪激发、激荡到最高处的人——演员、职业运动员和摇滚音乐人，他们都赚得盆满钵满，因为他们懂得如何把人们的热情调动起来并转化为激情。无论是对是错，反正对于他们激发、激荡我们的能力，我们总是愿意赋予更高的经济价值，比那些教育我们孩子的老师或为我们提供食物的劳作者都更高。

赞赏明星，欣赏并享受那些能激发、激荡起我们激情的演艺活动和体育赛事，这本身并没有什么错。但如果我们总是无法从自己的生活中获得并体验到足够的激情，总是想着要从别人的激发、激荡中来获取，这就成问题了。观看一群汗流浃背的陌生人在运动场上玩了命地相互冲撞时，体育迷们会比和自己的妻子在一起时更兴奋；作为一个电视节目的粉丝，她可能每天或每周都要等着看自己的偶像，比对自己的事情还要更有感觉、更感同身受；喜欢在小报上读别人的花边新闻和心碎故事的人，可能是不愿面对自己——这些人都是在与自己的激情相阻隔，与自身的活力相分离，与自己的实际生活相切割。

如果你正在找寻自身的激情，请开始远离那些外部的激发场景，以及那些所谓的"一招就灵"和精神麻醉之类的东西，相反，你应当转向你自己的内心。因为只有你自身迸发出的激情才能真正地满足你，才永远不会被偷走，才能让你在自己生命的日日夜夜都能感受到自己正实实在在地活着。

如果需要依赖别人，才能让你对自己的生活有兴奋感，你就是在让他们成为你激情的源泉。

如果需要依赖别人来刺激你的感觉，那么你就是在让他们控制着你的生命活力。

成为你自己激情的源泉吧！

成为你自己生命活力的源泉吧！

♥ 激情是你真正的力量

谁是你心目中的英雄？你欣赏谁？你希望自己成为什么样的人？如果你列出一张名单，那上面都是你真正景仰的人，是那些能鼓舞你的人，他们很可能都有一个共同点：充满激情。有些人可能对某项事业或某种信仰抱有极大的热忱，有些人可能对他们的艺术表现形式怀着极大的热情，还有些人可能对实现某些目标投入了火一样的激情。所有这些人，你可能都会说："他／她浑身上下都充满着激情。"

富有激情的人为什么会有那么大的吸引力？当我们遇到某人，他／她对其在这个世界上所扮演的那部分角色充满了激情，我们就是在见证生命的力量，因为它通过这个生命个体充分地表达和展示自己。无论他是一个对自己的歌唱充满激情的音乐人，还是一位对上天充满激情的心灵导师，或者是一位对教学充满热情的教授，这些人都在充分地将他们自身奉献给生活，而生活又通过生命力给他们以充分的回馈。

当我们称某人具有"超凡魅力"时，我们真正关注到的是他们的饱满激情。激情是有魅力的、诱人的，引人向往。我们难免会被满腔热忱的人所吸引，总是禁不住想要注视他们，倾听他们，围绕在他们身边，隐秘地或不那么隐秘地想要成为他们。

这就是能让自己变得富有魅力、能让自己鼓舞和激励他人、能让自己成为对生活产生一定影响的人的真正秘诀——去发现你对生活、对爱情、对你所秉持的信仰的热忱和激情吧，让它们闪闪发光！让它们熠熠生辉！

激情就像磁铁，总是吸引着我们去靠近它。

我们总是会被那些激情四射的人所吸引，他们生活在激情之中，仿佛他们的呼吸之间都充满着激情。

激情是你真正的力量。生活之中，你发掘和展现出的激情越多，你之于他人就越显得无法抗拒。

第2章
激情源于承诺

♥ 一份承诺创造一份激情

激情源于承诺。当你承诺要追求一个梦想，或者投身于某项事业，或是致力于培养一份情谊时，你就会对它充满激情。你的承诺越重大，你的激情就会越饱满，越强烈。

承诺是如何创造激情的？那是一种实实在在的内心体验，因为相信，因为希冀，因为渴望和祈盼，所以发誓要投身其中。于是，内在的激情自然释放，满腔的热忱不再有束缚，于是热爱、于是忠诚、于是奉献，直至献出自己的一生。当你开始认可某个想法或者开始信赖某个人时，那一刻，就好像你的理智终于做出决定，允许你开始全身心地投入，无论那要投入的对象是某事还是某人。突然之间，你的心底会涌现出更多的兴奋，更多的活力，更多的爱，仿佛承诺本身就像一把钥匙，一下子打开了你那激情宝库的大门。

如果无意致力于某事，恐怕你很难对其抱有热情、充满激情。事实上，这样的情形很有可能出现。想想那些你不太感兴趣或无意参与的事情——某项你并不赞同其宗旨的社会活动，某个你有着不同看法的工作项目，伴侣认为是非做不可而你却认为做不做都无所谓的家务。问问你自己，"我对这些事情有热情、有激情吗？"当然，答案是一声响亮的"不"。缺乏承诺就不会让你的激情流向这些事项，因为你从来就没有在心底里对这些事项做过承诺，所以你既不愿意费神关注它们，也懒得为了它们而采取任何实际行动。

试一下这个简单的实验：

选择你生活中的某个领域，你希望能在其中感受到更多的热情和激情，比如你的人际关系，你的工作，或者你在情感或心灵方面的某种成长与发展。然后，即使哪怕只占用你一天的时间，也要好好深化一下你对该事项的承诺。如果所针对的是你的伙伴关系或是婚姻关系，请用言行表达出更多的承诺，请留意他最优秀的一面，并不断地提醒你自己，你是多么的爱他。

如果针对的是你的工作，那就开始在每一项工作任务、每一次工作交流与互动中做出自己百分之百的努力。例如，如果你的工作是产品销售，那么你就要尽心尽力地对待每一位客户，诚心诚意地关注他们的需求，尊重他们，体谅他们。如果你是一位平面设计师，那就在每一张草图、每一份底稿中投入自己的全部心力，就仿佛它即将要成为你最伟大的杰作。如果你是一位全职妈妈，请帮助孩子完成好家庭作业，就仿佛你在帮他的那半个小时里所展现出的爱会改变他今后的人生轨迹。

也许你打算在个人成长方面深化一下自己的承诺，比如放慢生活节奏，好好品味一番平常日子中的某些特殊时刻。那么，当你紧张和不安时，请在某一天当中有意地去关注一下自己的内心，记住，要时不时地暂停一下，哪怕只是几秒钟。那时候，你就能关注到平日你所忽视和错过的——上班路上街道两边那一片片、一行行美丽的花草树木；当你匆匆奔向厨房准备晚餐时，一旁盯着你忙里忙外的狗狗看上去是多么可爱；当你已经上床准备睡觉，在为第二天要做的事情冥思苦想的时候，请听一听窗外那夜莺和蟋蟀的歌声。

你将会惊奇地发现，承诺自己要心无旁骛地专注于某件事情，哪怕只是短短的一天，就会极大地改变你对原来生活的内心体验，改善你对自己的认知和感受。原来那个木木呆呆的人好像突然变得有趣儿、好玩儿，甚至还挺有魅力了。原来那些看起来平淡无奇、枯燥乏味的工作任务，仿佛突然变得令人兴奋，让你还挺有成就感。原来那些似乎难以逾越的障碍和症结，仿佛突然成为重大而持久的突破机会。最重要的是，你将会发现，原来你自己的激情一直就在那里，只是在等待机会迸发出来，并展现它自己。

你对某事或某人付出得越多，从中所能获得的激情回报就会越多、越大。

带着承诺去做你所要做的事情；

带着承诺去爱你所爱的人；

带着承诺去做出你的种种选择。

然后，无论你做什么，都将会满怀激情。

无论你与何人相处，激情都会让你们产生共鸣。

你所做出的所有选择，都将会在热情中激荡，在激情中回响。

♥不要让恐惧引诱你走向冷漠

冷漠是激情的敌人，也是生命的大敌。当你在心里对自己说"我不在乎"时，你不仅是在将自己与他人或其他事情相隔离——你也是在将你自己与你的生命力、与你内心的爱和力量的源泉相隔离。

如今，冷漠几乎成了一种时尚。冷漠成了"酷"的代名词，成为标榜特立独行、我行我素的一种手段，成了真正独立人格的一种表达方式。像是"爱谁谁……""我才不在乎……"这样的话语，在电视上、在办公室、在学校和家里，从半大不小的孩子、朋友、爱人的口中，几乎每天都能听到。最令人不安的，是我们也常常会从自己的心里听到自己对自己这么说。

冷漠其实是一种并不那么光明正大的生活态度。它往往会把自己伪装成其他某种人们更容易认可的品质，比如，内在的定力、内敛、不张狂，或是情感上的平衡和性格上的平和。面对一个指责你冷漠的人，你会发现自己总想强词夺理，你可能会说："这并不等于我什么都感觉不到。""我正在想别的事情，所以我没什么反应。"当你把冷漠和自以为是混为一谈时，你的辩白、反驳可能会更具侵略性和攻击性，甚至你可能会借机倒打一耙："看看，仅仅因为你自己过于情绪化、失去了控制，但这并不意味着我也必须如此啊！你说我冷漠的唯一原因，是因为只有你那么看，因为在你的眼里，任何不那么热情或歇斯底里的东西都成了冷漠！"

我知道有些人还试图用超凡脱俗来为他们的冷漠遮羞。"我并不冷漠，"他们宣称，"我只是不像过去那样锱铢必较，现在的我，宠辱不惊。"这就是我所说的"对精神上的成就"

的那种"幼儿园级别的理解"。历史上有无数的圣贤和道德典范，他们无一不是关怀、怜悯和激情的化身，他们谁也不可能被描述成冷漠。事实上，我们越是接近神圣的本质，越多地感悟到生命的真谛，我们就越能认识到世间万物的内在统一性，因而也就会在心中生出越来越多的对事、对物、对人的仁慈和关爱。

那么，造成我们冷漠的根源是什么？大多数的时候，是恐惧——恐惧痛苦，恐惧失去，恐惧感受到太多。例如，当我们说"我不在乎"时，我们通常要表达的意思是"我不知道如何不受伤害地去在乎"，或者是"我希望我当时没有在乎"，或者是"我害怕在乎的原因是因为我明白，对我来说，在乎比不在乎要更麻烦"，或者是"我之所以很生气就是因为我太在乎了"。于是，我们就选择给自己套上冷漠的盔甲，希望能借此抵挡被拒绝的痛苦，或借此逃避失败后的挫折感，或是为了躲开可能招致的批评和反对。

但请不要让你的冷漠蒙骗了你。冷漠永远不会给予你力量，冷漠也不能永远保护你。相反，冷漠只会用麻痹和虚荣垒起一堵高墙，阻挡你去实现你真诚渴望的那些——亲密、激情，以及目标和梦想。最终，冷漠会夺走你的力量，摧毁你的保护，偷走你的祝福——你心中那满满的爱和滚烫烫的激情。

请直面你的冷漠，当然，这需要极大的勇气和极大的谦卑。试着问问你自己：

"在我的生活中，有哪些地方我一直在用冷漠做掩护，而实际上是在逃避恐惧和痛苦？"

"面对我其实非常在乎的那些人、那些事，我是如何让自己开始变得麻木的呢？"

"生活中还有哪些地方的确需要我给予更多的关注？"

"面对哪些人的爱、友谊或善意，我一直认为是理所当然的，且常常以冷漠的态度来回应？"

只要用这种诚实的态度来直面冷漠，你就能立刻唤醒内心深处的关爱和激情，推倒那一堵垒在你心中爱的源泉周围的高墙。

不要让恐惧引诱你、牵着你走向冷漠。

请守护好你的激情，就像在守护你最珍贵的财产一样。

请保护好你的激情，就像在保护你最亲爱的同伴免受伤害一样。

你的生活将由此变得更有魅力、更加生气勃勃。

♥ 向所有潜在的可能敞开胸襟

你是那种需要一直控制自己、行为刻板的人吗？当事情有点儿乱套的时候，像是毛巾没有直溜溜地挂在毛巾架上，有人停车越过了车位线，一个玻璃杯被落在了餐台上，事情没有正好按照你计划的那样进行，你会生气吗？如果是这样的话，你也许在生活中就体验不到太多的激情，至少没有你期待的那么多，因为人只有放开控制，激情才会出现。

实际上，控制是激情的对立面。这里所说的控制是指处理问题、处置局面的方式，它是僵化的，它喜欢将事物限制在边界之内，它寻求的是确定性，宜静不宜动，并抗拒改变。

从另一个方面来说，激情则与控制相对立，激情就意味着要过界，没有极限，没有尽头。它在未知的世界中生机勃勃，它为运动和转化提供动力，它喜欢的是无拘无束、百无禁忌。

激情的追求不一定得合乎逻辑，激情也不一定就是合适的、恰当的——逻辑、合适、恰当等词语，都是那些喜欢控制型处置方式的人的最爱。激情出于自己的意愿，激情存在的目的就是要为生命欢呼、为爱喝彩、为天下万物赞美，除此之外，不为其他。

想象一下，在一个寒冷的冬日，正在树林里徒步旅行的你遇上了一条冰冷湍急的河流。逻辑会冷静地告诉你，尽管你已经走热了，甚至出了汗，但河水还是太冷了，不适合游泳。但此刻，激情却在你胸中涌起，仿佛在大喊："脱掉衣服，预备——跳！！！"你内心正渴望冒险，渴望体验生命的奇迹、大自然的恩赐，以及跳下的那一刻既惊险又刺激的魔力，无论它是不是够理智，是不是符合某种逻辑。一跃入水，你会欣喜地尖叫，身体里的每一个细胞仿佛都被冰冷的河水激醒，你会感到自己完完全全的生命存在，完完全全的生命活力。你失去了控制，却会真心爱上这无拘无束的一刻！

要想进入充满激情的世界，我们就必须学会放弃一些习惯，比如凡事都习惯于事先预测结果，凡事都希望按部就班、清清楚楚、明明白白。我们必须学会对神秘莫测、意想不到、难以理解和难以捉摸的事物保持一种开放的心态。我们必须学会放松，不必一遇上不同寻常的事情就不知所措，让那些"不同寻常"来自我揭示。我们必须学会愿意放开控制，愿意冒险踏上新的旅途去感觉、感受、感知和体验，这些旅途将会带给我们比想象的还要多得多的快乐和奇迹。

让自己向这一刻所有潜在的可能敞开胸襟吧。

放弃你以为它应该是个什么样子的想法。
放弃你以为它应当感觉如何的念头。

放开手，不要试图去控制正在发生的一切。

放弃，放开，放手……

现在，你已经为奇迹出现的可能性营造出了空间。

现在，你已经打开了大门，不可思议和不同寻常将会涌入。

现在，你已经在心里为激情留好了空间。

第3章

心是激情的家园

♥ 所有孩子都知道关于激情的秘密

每一个孩子都曾有过一个秘密，成年之后就很少有人能够再记起或是理解——每时每刻都活在天真烂漫、充满激情和好奇状态下的那个秘密。好好看看孩子们是怎么玩游戏的，看完了你就会明白什么叫作真正的激情满满。孩子们或哭或笑、或喊或闹，一举手一投足，无一不是从激情中开始，又在激情中结束的。他们每做出一个决定，每寻找到一个机会，每开始一次新的冒险，每克服一个困难或障碍，都被激情左右着。你可以看到激情在孩子们的眼中闪烁，在他们的尽情欢呼和开怀大笑中回响，在他们周围的空气中飘荡、弥漫。他就是那么肆无忌惮地在欢庆他的存在，他就是那么实实在在地敢于藐视一切，尽情挥洒生命的活力。

是什么让一个孩子对他所做的一切总是能够如此地投入呢？我相信这是基于他的天真无邪。他还没有学会要留意自我形象，所以他不担心对别人来说自己哼唱的歌谣听起来很傻。他还没有学会害怕失败，所以他不在乎在学习轮滑的时候摔倒个十次八次。他还没有学会冷漠，所以他不吝于对马上要去游乐园游玩表现出太多的兴奋与开心。与成年人总是担心别人怎么看待自己相反，他没有把注意力放在别人的心思上，而是一门心思沉浸在自己的纯粹的快乐之中。

孩子们也会本能地懂得关于激情的那些事情——到底是带劲儿还是不带劲儿！这就是孩子们会允许自己跟着感觉走，想笑就笑，想哭就哭，想要什么了就直说，想找谁了就会直奔过去的原因，这些，都是情感的直接表达，成年人则很少允许自己这样，尤其是当他们周围还有别人的时候。跟孩子们相反，成年人的自然激情都像是被巴氏消毒处理过似的，原汁原味都已经不复存在，他们所能体验到的只是一种取而代之的小心谨慎、犹犹豫豫，让我们以为这世界原本就应该是不冷不热的，一切你都可以漠不关心、满不在乎。

如果你怀疑自己已经变成了这样一个无趣、无聊、冷冷淡淡没有激情的成年人，就像你小时候发誓永远不要变成的那样，那么，也许是时候释放曾经的那个你了，那个多年以前就被形形色色的规矩束缚起来的那个孩子气的你。请他做你的老师吧，你会欣喜地发现，你又重新找回了真正的自己，更勇敢，更爱笑，更喜欢拥抱，更好奇，还会有更多的欣赏和喜爱，当然，你也就会在这充满新鲜感和好奇感的生活中感受到更多的激情。

你最后一次激情洋溢地出去玩是什么时候？

你最后一次像个孩子似的高兴、开心是什么时候？

你最后一次为活着而感到激动和兴奋是什么时候？

不要再担心别人的想法了，不要再担心你想做的那些事是不是可行、是不是有用或者有效。

傻点儿吧！

再开心点儿吧！

请做回你自己。

♥甘愿屈从于自己的激情

回想一下你某一次经历巨大激情时的感受。那激情可能是肉体上的、情感上的，甚至可能是精神或灵性层面上的。当你回想起给你带来巨大震撼的一刻，你会注意到，在激情澎湃中，你也会有一种甘愿屈从的感觉：这种体验不在你的掌控之中，有比你更强大的力量在掌管着它，所以你甘愿屈从，甘愿放手。你放任自己被所发生的一切席卷、吞噬，而这种甘愿屈从的行为也让你变得更加富有激情。

如果你所回忆的是一个巨大的、肉体层面上的激情时刻，那就想想那一刻即将来临之前都发生了些什么。你会感觉到一股股快感的波涛正在你的身体里奔涌，一浪推挤着一浪，直到在某种程度上，这些波涛的力量远比你所能拥有的任何控制感都要强大，于是，你彻底地甘愿屈从于那种快感。如果你曾经试图抗拒，如果你一直害怕彻底放手，如果你从来就不愿意交出自己，那么，你也就无法攀爬到身体激情的高峰，无法享受到直上云霄的快乐。

也许你的回忆是一段情感方面的激情经历，一股强烈的情感突然涌现的那一刻。也许是孩子刚刚出生，或者是与家人久别重逢，或者突然与某人或某事不期而遇，让你十分激动或感动。请好好回想一下那时的感受，想想你内心的情感是如何一点一点变得越来越强大，直到你感觉到要抑制不住它，突然爆发——是的，它爆发了，然后你就处在欢欣和狂喜的巨大浪潮之中。你可能会说，这听上去简直就像是对情感高潮的描述嘛！没错，这两个过程确实非常相似。你甘愿屈从于一份情感，甘愿在它面前那么的脆弱，甘愿让它膨胀、胀大，直到它在某一特别的时刻一触即发。假如你在当时抗拒甚至是厌恶这样的情感，那么你就会在那时封闭你的内心，你也就从来不会经历那种爱，经历那种欢欣和愉悦了。

许多人误解了甘愿屈从的真实内涵。甘愿屈从与抛弃、放弃你的权力或丢弃某些有价值的东西是不同的，与在战斗中战败、投降是不一样的。甘愿屈从意味着不要让你有限的"自我"挡道，让自己与一个比你的意志和情感更加强大的力量保持一致。当你甘愿屈从时，就等于你放弃了时下的某种固执和固守，甘愿屈从于生命之河的滚滚波涛，任由它把你带到一个更宏大、更壮阔的地方。

如果甘愿屈从的想法让你害怕，那么在你生活的各个方面，你可能就感受不到你本可以感受到的那么多激情。请开始留意，什么时候你会拒绝甘愿屈从，什么时候你会试图固执己见，试图保持底线，无论那是一次对话，还是做爱，或是在公园散步，或是正在跟自己较劲。请你放任自己一次，一次一点，让自己深吸一口气，顺从自己内心正拖拽着你的那股力量，任由它带着你去它想要去的地方。看吧，在你开始甘愿屈从的那一瞬间，你会突然感受到一股滚烫的激情正在冲刷着你的全部身心！

甘愿屈从于自己的激情并不是向外部的某物或某人缴械投降。

甘愿屈从的对象是你自身爱的力量，是你自己的快乐和幸福。它所屈从的其实是一个真正的你。

♥ 心是激情的家园

激情不是一种理念、一个想法，而是一种感觉、一份感情。它不是一种态度或看法，而是生命的一种存在形式。激情与智力、聪明或理解力无关，它的根在你心底，它的家就在你心中。

我这里所谈论的"真心"不是指你身体里的心脏器官。我说的是一种状态，当你愿意去感受，愿意去爱，或愿意被爱的时候，你就会进入这个状态。这颗真心是你之所以是你的真正的内核。这是你的精神、你的心灵的脉动。

具有讽刺意味的是，我们大多数人并没有花时间去养育我们的精神和心灵。相反，当今社会教导我们，人若要变得"可贵"，就需要获得一份收入颇丰的工作或与一个家世显赫的人结婚，要多赚钱、多积累物质财富，而情感的掌控和把握并不在这份儿"成就清单"上。我们的物质生活可能很舒适，并且在别人看来甚至是相当不错、非常优越的，但如果我们老老实实地面对自己的内心，我们可能又不得不承认，我们的生活缺乏甚至根本没有过真正的、始终如一的激情。尽管我们依然渴望能感受更多，但常常还是不太确定究竟应当如何去做。

如果你常为自己的聪明才智感到骄傲，你可能会发现，若想体验到真正的激情，你会比其他人更加困难。孜孜不倦以至于聪明绝顶的人，通常都不会是极富激情的人。因为如果你的目标是聪明伶俐或知识渊博，你就会把精力集中在掌握技能、积累知识和形成结论上。你以为你懂的越多，你就会越快乐。事实上，实际的情形往往恰恰相反——你懂的越多，你就越有逻辑，你就越有可能用理智代替情感说话，用逻辑来否定激情。结果呢？结果恐怕就是你将变得枯燥乏味、冷酷无情，激情对于你来说怕是要遥不可及了。

这里，我并不是在说为了要更富有激情地生活，你就应该变得无知、没脑子、没理智，更富有激情并不意味着要放弃你的聪明才智。逻辑和理智是有力且必要的工具，借助它们，可以帮助你极富创造性地沟通和引导你的激情，平衡你的情绪。但通常，我们往往会依托所谓常理、道理为庇护，以逃避应当直面的感受和情绪，而这，正是我们将自己从激情中割裂开来的时候。

如果你想花更多的时间养育你的心灵，那就多花些时间和那些热心肠、心口合一的人在一起吧。你难道没有注意到激情是会传染的吗？当你和一个心灵开放的人在一起时，你会更容易地，也更安心地敞开自己的心扉。看看你的周围——有很多人在等待着，与你在奇妙的心灵世界里共舞。

为了找回你的激情，你必须先找到返回自己内心的那条路径。

在那里，在你生命的中心，存在着完整的那个你的源泉。

你是光明。

你是快乐。

你就是爱。

第4章
为激情寻找时间

♥ 身体的神圣激情

在现实世界里，没有哪一种关系能比你和爱人共同分享激情更亲密的了。这种激情是你最珍视的，你只为他而保留，世上再难有其他人能轻易得到。激情是你生命自身的力量，是你的灵魂在肉体中的欢舞，因此，它神圣，它庄严。所以，与爱人以性结合的方式共同分享彼此的激情，也就是同样的神圣庄严。

我们大多数人永远不会把"神圣"和"激情"联系在一起。我们一直被教导的是，激情是人类的一种基本情感，和性欲、淫欲是同义词，而神圣的东西则与肉体无关，它们要超越肉体。然而，肉体难道不正是精神的一种朴素表达吗？正因为如此，性的亲密关系不正是生命力在肉体平台上精彩的自我展现吗？

如果你只想从两性关系中寻找肉体欢愉，那你就是在欺骗自己。我当然不是说你不应该享受身体的快乐和激情，我在这里只是想强调，莫要在肉欲的欢乐上止步不前！对你来说，性爱关系还应当蕴含着远比身体欢愉要多得多的东西。从伴侣身上感受到的自然激情只是为你打开了一扇大门，由此，你可以开始新的性爱体验，你可以学会以身体的爱为开篇，让你们的灵魂去做神圣的交流、交合。

从这样的角度来看，身体的激情只是爱的起点，只是人类灵魂更永恒、更深奥的一种欲望的肉体表达。因为身体激情只不过是外壳，隐藏在外壳下面的内核则是你对融合的渴望，渴望与爱人完完全全地融为一体。做爱时，两个身体自然要接触，但事实上，你们的灵魂，也正是以身体为载体、为通道，让两个灵魂得以接触，得以交融、交合。

如果你已经准备好了要和爱人一起努力去摘取崭新的、令人惊叹的爱的硕果，那么，就请你更加深入地去探索和了解彼此的身体激情。请深入探究它的起源，和它做深入的交谈。问问你的激情："你为什么想要拥抱他？""你为什么想要进入她？"倾听你内心的答案。如果你听到自己的灵魂在低语："融为一体……合二为一……永远为一……"请不要感到惊讶哟。

激情以你们的肉体交合为开篇，以你们的灵魂共舞为尾声。

当你们的身体合二为一，灵魂同步起舞，那么，你们的所有就都在爱。

在你们之间，除了爱，再无其他。

这就是神圣的交合。

这就是灵肉合一的欢天喜地、心醉神迷。

♥情感的激情

随着时间的推移，一段亲密的关系不能只靠身体激情而得以维系。爱人之间，除了身体愉悦之外，两颗心之间也必须要有牢固、紧密的纽带。这种纽带超越了单纯的性吸引力，它就是你和伴侣之间在情感上的激情。

对某一个人有着身体层面的激情，我们都知道那意味着什么，以及那种感觉会是怎样的。出于这个原因，人们通常会以为激情就是那么个东西，就是那样一种感觉。那么，对一个人有着情感层面上的激情又是什么意思呢？情感激情的中心在心里，而不在性器官上。情感激情不是建立在迷恋、生理反应或性欲的基础之上，它是基于对另一个人的爱恋的深刻认识，基于对你自己的爱，以及这两种爱的力量融合在一起时产生的快乐和欢欣。

对一个你并不那么爱恋的人，你可能会产生身体上的激情。毕竟，欲望和爱是两种不同的情感。但要想对一个人产生情感上的激情，你就必须真心实意地喜欢他。比如他的性格可能让你非常着迷，或他的个性对你有着非凡的魅力，他的思想让你渴望靠近，他的精神让你总是充满感动和激情。身体上的激情是与生俱来的，情感上的激情则不同，它来自于你对你所爱的人的一种明确的、响亮的共鸣。

情感激情的美妙之处在于，你与伴侣共同分享的爱的时刻越多，你们之间的情感激情就越发强烈。每一天，他都能做出一些美好、美妙的事情，让你看到他的与众不同，他的魅力非凡。每一天，他的言谈话语都透着他的体贴入微、细心周到，让你看到他的心如发丝、一往情深。时间会成为你们爱的关系的朋友，因为它为你和伴侣创造了更多的机会来展示你们的美好、甜蜜、善意和爱恋，因此，你们就能获得更多的养分来培育和滋养你们彼此之间的情愫和情感激情。

最终，爱人之间是靠着情感上的激情，让你们的爱得以天长地久。正是靠着情感上的激情，一对夫妇才能经受得住巨大的挑战和危机，甚至比挑战和危机之前变得更加靠近。

正是情感上的激情，才能让你们感受到真正的心安和无处不在的真爱。

来自心灵深处的激情，就像一只大锚，在你们爱的航船遭遇惊涛骇浪之时，它会牢牢地抓住海底，让爱的航船不会倾覆，不会摇曳不定，也不会随波逐流。当你们中的一个体重增加了十斤，或是得了重病，甚至是当你们暂时以为对方给不了自己想要的时，你们情感上的激情并不会因此减少。手牵着手，你们就能共度时艰，心贴着心，你们就会心安，就能明白，任何狂风暴雨也卷不走你们爱的永恒本质。

在发自心底的激情中，爱的力量会尽情挥洒出来。

持久的激情不可能建立在对身体的迷恋上，因为身体总会不断地变化。

真正的激情来自于你们的灵魂，那是在为两个灵魂的相遇、相知、相爱、相守而欢欣。

♥为激情寻找时间

在一个讲座最后的问答环节，一对夫妇站起来与大家分享了他们希望能在婚姻中享有更多的激情时所面临的一些问题。"我们当然想有更多的激情时刻，"他们坦承，"但是我俩每天都要工作很长时间，我们有两个孩子，都还小，而且很多时候我们都觉得太累了，打不起来精神像以前那样做爱，做那么多次。像这种情况，我们该怎么办？"

对于结婚已经很久的夫妇们来说，这样的话听起来可能会很熟悉，而且听到以后也不会开心。说不定有的夫妇甚至悄悄怀疑过自己的婚姻是不是出了什么问题，因为他们已经无法像自己以为的那样做爱了。"如果我真的还像以前那样爱他/她，"你可能会问自己，"我们做爱的次数怎么会越来越少？"

这类问题的答案是：不必特别介意。爱人们发现自己做爱的次数越来越少，个中缘由多种多样，事实上，其中有很多都与爱人之间的感情问题毫不相干，更多的是与现实生活有关。日常生活中的大事小事都需要时间，过日子谁都不会轻轻松松，现实生活当中总是会有意外、突发事件和最后期限，总是会有需要立即关注的事项、孩子们的问题和家人们的健康问题。这些问题和困难可不管你和丈夫已经多久没做爱了，它们也不在乎把你折腾成了什么样子，有多疲惫或情绪多么低落。生活中出现这一类问题，其实就是世间常态、人之常情，不必为此大惊小怪甚至忧心忡忡。

应当怎么办？解决方案的第一部分是：请你们放松。这种情形并不是你一个、你们一家所独有，你、你们也不是什么异类。你和伴侣都只是普通人、平常人而已，尽你所能去兑现你对家庭、事业、自己、社区和爱人的承诺，并不是一件容易的事。你可能还会有一长串的心理问题要对付，这些问题只能在婚姻中自行消化或解决，不管你喜不喜欢它们，它们都要直接或间接地影响你在卧室里的生活。

怎么才能处理好这么多的问题和麻烦呢？请开始关注你身体激情的质量，而不是数量。也许你现在不能再指望还能拥有新婚燕尔时总是如饥似渴、总是没完没了的性生活，但是你现在可以并且应该期待，每一次的亲密能拥有更高的品味、更高的质量，每一次性爱，你们都能感觉到亲密无间、情意绵绵。

比方说，在有孩子之前，你们俩每周可能做爱两次，但现在，你们一个月做爱也不过就一两次。乍一看，这样的频次下降得似乎让人无法接受！但如果你能心怀敬意地对待这每一个月的一两次，就像是在庆祝你和爱人牵手相伴周年纪念日那样重要、神圣，尽情表达你们的爱，表达对彼此的承诺，那么，这样的每一个夜晚，要是和你以前那些"倒也还算过得去"的性事比较起来，就会精彩很多。因为现在虽然次数少了，但其内涵、营养却要更加丰富。

还有一点请记住：不要把激情的表达仅仅局限于卧室。性爱只是方式之一，但却并非爱人之间表达激情和爱的回馈的方式的全部。你可以用言语来表达爱的激情，把它们写在卡片上或各种各样的"情书"里。你可以通过细致入微的关怀和体贴来表达你的激情，比如一回家就主动照顾孩子，这样你的妻子就可以有半个小时的自由时间，或当丈夫下班回家之后，给他捏一捏肩膀。当然，你还可以通过邀请伴侣去看电影，或者放上你最喜欢的音乐邀请她跳舞来表达你的激情。

花开堪折直须折，不要等到你有了空闲时间才想起来要表达你的激情，不要为了将来的某个场合而把你的激情暂时保存起来！每天至少找到一个时刻，让你可以充分表达你对爱人的激情。然后，再试着每天多找一些机会，让你们的激情时刻能一个接一个。不知不觉间，你们的情感就会伴着一次次激情所产生的回响而愈发浓厚。当你们真的开始做爱的时候，你们会蓦然发现，原来在你们上床之前，你们就已经在做爱了。

在你们展现自己激情的那一瞬间，无论所展现的是紧紧的拥抱、甜蜜的一瞥，还是一个体贴的举动，你们都进入了永恒的心的世界。

过去发生的事情并不重要，接下来会发生什么也不重要。
重要的是这一刻。
最重要的是爱。

♥ 不要等着你的激情去找你

承诺会创造出激情，不仅在工作中，在富有开创性的生活中是这样，在亲密关系中更是如此。要想感受到对相爱的人的那份激情，你必须首先在自己心中感受到对他／她存有一份真诚的承诺。我这里所说的对爱人的激情，不是指单纯的身体激情，或者说是单纯的性欲——毕竟，一些人是可以和陌生人一起感受到那种转瞬即逝的激情的，所以单纯的身体激情并不是什么了不得的东西。我所说的真正的爱的激情包括身体层面的，但是又超越了身体层面。当你彻底地爱上一个人，情感上的激情就会升腾而起，那就是我所说的真正的爱的激情。

不幸的是，很多人却以为承诺与激情是另外一种因果关系——我们会想，"当感受到了更多的激情，我一定会做出更多的承诺"。而且我们常常还会纳闷儿，事情为什么不是我们所希望的那个样子，为什么我们和爱人的关系总体来说还算不错，可就是没有你们所说的那种激情澎湃，而且最后往往将其归咎于两个人之间缺乏相容性。也许你对他非常关心，甚至已经想过要做出更多的承诺，但却一直在等待着，等你内心的激情爆发，因为你认为只有爆发才能表明，他确实是那个你一直苦苦寻觅的、完美无瑕的另一半。

让你意想不到的是，正是这样的内心抑制行为，在阻止着我们去体验一直苦苦寻觅的激情。当你在等待激情去寻找你的时候，激情也正等待着你去找它。

也正是出于这个原因，如果你开始质疑自己对爱的承诺，无论你们已经相爱、相处多久，请务必要小心。尽管在爱的关系中自我反省往往是必要的，也是健康的，但我们必须记住，从爱的承诺中退缩，将直接影响我们对爱的激情的感受力。如果你们打算重新评估你们的关系，请务必要认识到，这个评估过程本身将会削弱你们对彼此的激情。然后，我们可以根据其他更具实质性以及恒常不变的因素来做出决定，比如相互间的情谊、尊重、共同的目标、共同的愿景，使你们的关系能得以继续维系。

多努力践行一些对亲密关系起促进作用的事情，少拿眼睛盯着那些有负面影响的事情，你可能会因此发现，承诺会让你的心灵进入一种意想不到的爱与激情的美妙境地。你的承诺本身就有能力抚平你们爱的创伤，并有能力为你们搭建起希望、确信以及情感联系的新桥梁。

不要等着你的激情去找你。

开垦出一块肥沃的土地吧，让爱的激情在那里茁壮成长。

请尽你所能，将自己全身心地投入到你们的爱中。

你的承诺会滋养你激情的种子，能让它们在你的心中花开遍地。

第5章
奉献之爱

♥ 哪些因素会妨碍你寻找爱的激情

有些人一直无法认真恋爱，因为他们总是难以全身心地认真对待他人，还抱怨自己怎么总也找不到那个"对"的人。"对她我就是没感觉、没反应，我们之间不来电。"他可能会这么说。"我希望对他有激情，我真的这么做了，可不知怎么的，就是做不来，好像永远也做不到。"由此，有没有惊讶地发现，可能正是因为我们自己没能做到全身心投入一段感情，也就是我们自己在抗拒对一段感情的承诺，因而才妨碍了我们对持久爱情的追求？

对一位潜在的伴侣总是横挑鼻子竖挑眼，会大大限制彼此之间感情承诺的成长空间，也会让你们的激情之花开始凋谢、枯萎。激情会在积极向上的环境中茁壮成长，会在批评和挑剔的土壤里窒息、凋零。如果你总在关注一个人的错误而不是他做得对和做得好的方面，你就不会对你们的感情做出哪怕是一点点承诺，而这些承诺又恰恰是你们相亲相爱、彼此都能对对方产生真正激情的基础。

我这里并不是在建议让你对一个你并不了解的人，或者不大可能擦出火花的人也要做出郑重的终身承诺。然而，在大多数情况下，只要你能把承诺扩展到你喜欢的任何一种关系上，你就是在为可能即将出现的激情打开大门。

积极地寻找每个人的优点。

如果你愿意去找，你就一定能找到。

那么，你们只相处二十分钟还是已经相处了二十年，都无关紧要。

因为，你们在一起共享的时光都将充满爱，因为你们一直在寻找爱，所以你们就一定能找得到爱。

♥探索奉献之爱的激情

大多数人听到"激情"这个词的时候，首先想到的会是性。的确，性的激情是一种异常强大的感觉，是激情在身体中展现它自己时你所感受到的那种美妙体验。但是，很多人在性爱时会把激情的体验仅仅局限在那么一小段时间之内，何其悲哀！

激情与快乐不一样。你可以在无须情感卷入、没有激情的情况下体验到快乐，因为快乐的源头在身体，在你的皮肤、你的神经。快乐是对某些刺激的生理反应，是一种可以迅速、轻易地开启或关闭的身体反应。

然而，激情则不容易形成，也不那么容易领会。它不能像肉体的感觉那样可以轻易地被打开或关闭，因为它的内涵要远比感觉来得复杂而且丰富。真正的激情不受肉体的束缚，也不局限于身体某些部位的感觉，它的源头超越了一般形态，在无形的心灵密室里，我们才能去寻找、发掘它。

真正的激情家园就在你们的心中。在那里，在神秘的、无形的世界里，所有的感觉都浮现出来，激情的海洋正等待着被搅动，不是通过触摸或爱抚的高超手法，而是借由能挑起激情升腾而起的——你的爱。

爱是开启你激情大门的魔力钥匙，爱能超越身体、感官和那个"自我"。它不取决于你当下的心情，爱人在那一天的模样、穿戴，或是该轮到谁去遛狗，或时不时地你们会有多少意见相左。当你能够把自己完完全全地交给他，彼此都能够心甘情愿地浸润在你们的浓情蜜意之中，爱就会升腾而起。

这样的爱，基础就是彼此奉献———一种崇高的爱情状态，它认可并颂扬相爱的人在灵魂层面上的内在统一。这样的结合，古老、永恒、牢不可破。当你有幸拥有这种最高形式的爱，它将会欣喜地以激情的最高形式来诠释自己，将两个人的连接转化为结合，将仅仅是身体上的愉悦，转化为情感和灵魂层面的狂喜。

当你整个身心都对爱人充满激情，激情便会超越你的身体。

你的头脑对爱人的头脑充满激情。

你的内心对爱人的内心充满激情。

你的灵魂对爱人的灵魂充满激情。

♥让激情之火一直熊熊燃烧

想象一下，你打算生火，或是在露营地，也或许是在家中的壁炉里。你首先会仔细地架好木柴，堆好引火物，然后擦着火柴开始点火，你会蹲在那儿守上一会儿，看着火势渐渐旺起来，直到你确信那些木柴已经开始熊熊燃烧。然后，无论那是篝火还是炉火，你就可以安坐在那里，享受一份舒适的温暖，端详着火焰的欢跳，火光的变幻。你无须一直守在火旁，因为现在燃料足够。但过一阵子，当你留意到已经没那么暖和了，或是火光暗淡了下来，你就知道火又需要你的照看和拨弄了。所以你就得放下手头的事情，添柴，拨火，这样，火势又会渐渐旺起来，火苗子又能一蹿多高了。

火一旦烧起来，即使一段时间之内你忘了添柴、拨火，即使它看上去像是要灭掉的样子，但你还是可以看到火的余烬依然散发着一种深橙色的光，那种光是连续燃烧了几个小时后的高温产生的。余烬的表象十分具有欺骗性，它们温顺的光里包含着巨大的威力。虽然它们自己不会蹿出火苗，但它们能在几秒钟之内点燃一根新添的木头，能在突然之间让大火重新烧起来，让刚才还在休眠的灰炭重又变成熊熊燃烧的火焰。

想想怎样架起篝火、燃起炉火，再对照一下爱人间要怎样燃起激情，两者之间简直可以说是异曲同工。当你第一次遇见心仪之人并坠入爱河时，你会小心翼翼地向他示好、示爱，再适度地添加一些亲昵，然后再全身心投入，添加上尽善尽美的承诺，直到爱的激情像烈火一般在你们的心中和体内熊熊燃起。一段时间之内，激情之火会自行燃烧，烧得通红，你们会逐渐习惯它带给你们的温暖和快乐。"能获得这样充满激情的爱，我们该有多么幸运啊！"你们会在自己的心中感叹。

但不知从哪一天起，你开始意识到你和伴侣之间的激情之火暗淡了，热量也减少了，而且这样的状况已经持续一段时间了。彼此之间仿佛再也感受不到往昔那样强烈的渴望，找不到往日那样身体、心魂融为一体的兴奋和刺激。"激情已经消失，"你可能会得出这样的结论，"我们已经不再相爱，我们之间怕是该要结束了。"

在一段爱情的关键时刻，有多少人会扪心自问，是不是仅仅因为没有照看好我们的激情之火，仅仅因为没有添加必要的燃料来维持燃烧，才导致爱的火光走向熄灭？又会有多少人轻易地撇下他们爱的余烬，断言他们的爱之火已经燃烧殆尽，却没有注意到爱的灰炭仍然有着足够的余热等待重新燃起，只要你肯再往里添加一些"机会"？

请珍重你们的激情之火、珍惜你们的爱之火吧。请一定要明白，要想让它们一直熊熊燃烧，它们就需要得到应有的重视，要勤照看着点儿，要像对待你在荒野中所架起的篝火一样，让它们为你带来温暖，让它们保护你免受伤害。请用善意、沟通、赞赏和感激来给你的爱之火不断添加爱的燃料，它们将永远为你燃烧。

当爱在纵情歌唱，激情就是爱的歌声。
当爱在翩翩起舞，激情就是爱的舞姿。

当你懂得珍惜你们的爱之火，并学会照看好它们，让它们一直熊熊燃烧的时候，激情就是你收获的礼物。

第6章
用激情的眼光看世界

♥ 让生活充满激情需要勇气

想让自己的生活充满激情，那需要勇气。当你选择开始充满激情地生活时，你就会全身心地拥抱当下的每分每秒，投入到当下任一情境。你会心甘情愿地付出努力，但却并不刻意去寻求回报。

这种勇气和其他勇气不同，比如在野外长距离徒步行走，或是背着降落伞从飞机上跳下，或者在陡峭的山坡上滑雪。这些壮举所需要的都是肢体上的勇敢，身体层面上的无畏。而我们这里所说的充满激情地生活的勇气并不来自于对身体力量的信心——它来自于你对自己内在精神力量的信心。

精神层面上的勇气来自于自身的信仰，不仰仗外在的东西，是相信你自己拥有某种内在的力量，它能在漫漫的人生旅途中为你提供所需要的一切。无论你正在做什么、正在奔向哪里，这样的信念都会促使你总是尽心尽力地投身于其中。你不会总是想方设法地抑制自己的激情，非要等到未来某一天你完全能够确定事情会如何发展，或者你有了信心之后才会让自己的激情尽情迸发，而是会在生活中立足当前、着眼于当下，尽心竭力，投入全部身心。

　　在这样的生活方式当中，激情就意味着总是不安于现状。因此，激情会把你的身心从舒适、慵懒的区域带进探索、探险之地，带入勇敢和冒险之旅，你会勇敢地直面生活中可能会遭遇的各种困境和挑战。当然，这并不是说你就不会因此感到怀疑或是怀有恐惧——而是因为你的激情比任何疑虑和惧怕都更为强大，它让你能遥望到重重阻碍之后的柳暗花明，驱使你朝着梦想、渴望、命运继续勇往直前。

　　有一个人让我难以忘怀，他曾对我的工作热情和生活激情妄下论断。"你知不知道你总爱装腔作势，"他责备道，"你过于积极了，做事太高调了，你太能装了，你见过谁会像你那样？"

　　记得当我听到他的这番言论时，我感到非常惊讶，我知道他一直在寻找自己的人生目标，但一直一塌糊涂，一败涂地。

于是对他来说，那些对生活抱有热忱、感到兴奋的人一定是在假装。可悲啊！然而，不幸的是，这样的观点在当今社会并不鲜见，在许多人看来，"酷"和政治上正确就意味着应当这样行事：做事要满不在乎，做人要愤世嫉俗，要尖刻辛辣，要不带感情。

有一个人的观点会一直影响着你并且会持续一生，那个人就是：你自己。请不要再担心别人会如何看你，大胆地去做自己认为该做、自己认为很棒的事情。请放心大胆地让你的生活充满激情吧！世界正在等待你展开自己壮丽的人生画卷。

你有力量去创造深刻、圆满的生活。

你有力量去创造一个伟大的人生。

这些力量来自于、取决于你的激情。

无论走到哪里，请鼓起勇气满怀自己的激情。

无论遇上谁，请鼓起勇气展现出自己的激情。

当你选择要让自己的生活充满激情时，你的生活就一定会充满激情。

♥激情与工作

大多数人至少有一半醒着的时间是在工作中度过的，不管工作的地点是在家里还是在外面。除非你的工作让你感到快乐，否则这就是一段漫长的煎熬。很多人会抱怨工作没劲，一点儿成就感也没有，他们害怕早上醒来，因为醒来后要去上班。他们想要表达的真实意思，其实是现在的这份差事没给他们带来任何像样的激情。

如果日复一日，甚至是年复一年地感到单调乏味、漫无目的甚至厌烦、愤懑，就不可能不对一个人的精神状态造成严重的后果。当工作没有了激情，我们很快就会被"消耗殆尽"。疲劳、沮丧、焦虑、沾染恶习——这些都可能是你的精神正在渴望工作激情的迹象，是感觉终日无所事事、蝇营狗苟所引发出的一种精神挫败。

部分原因是我们的大脑充斥着一些僵化的概念，例如，对什么样的职业应当抱有激情，什么样的工作只不过是一份"差事"、养家糊口的手段而已。你可能会坚信，一些看上去非常光鲜亮丽的工作就很容易让人产生激情，比如说文艺圈、娱乐界，或是收入不菲的工作，比如当一个投资银行家而不是小秘书或一般销售人员。但请记住——激情源自一个人的内心，而不是源自某些特定的工作。正因为你自己在工作中投入了满腔热情，才让你的工作体验和生活经历活力四射、激情四溢。

最终，工作中能获得一份成就感的秘密就是：做什么工作其实并不那么重要，真正重要的是你如何去做。你可能会拥有一份梦寐以求、既令人兴奋又收入颇丰的工作，但如果你无法找到工作激情，你仍然会感到焦躁不安、痛苦不堪，也不会有任何成就感。反过来说，如果你全身心投入一项工作，决意以它为平台来展现自己，展示激情，那么，即使那份工作并不光鲜亮丽或是收入微薄，你也能从中获得一份成就感和满足感，用自己的勤劳和付出换来内心的平静与安宁。

请热爱你的工作。

请对你的工作心怀感激。

请用工作来展示你的风采、展现你的激情吧！

这是你当下真正的职业，你可以随时随地做好它。

当你全力以赴地对待工作、对待生活时，你终将获得成功，你终将成就自我。

♥用充满激情的眼神去看世界

激情并不为某些人所独有，比如富人、闲人、不需要抚养孩子的人、无须拼车的人，无须行色匆匆赶去参加销售会议的人，或是攒了一周的脏衣服还没洗的人。激情只会因为你自己而出现、而存在。事实上，它是为每个人而准备的。因为要体验到激情，并不一定需要迷人的情境，或刺激性的娱乐和消遣，你所要做的就是学会用全新的目光、充满激情的眼神去认识周围，去了解世界。

请回想一下当你第一次爱上某个人的时候。还记得当时你感觉这世界是多么美好，周围的一切是多么美丽清新、焕然一新吗？落日的晚霞仿佛更加令人叹为观止，一草一木都似乎更加绚丽多彩，夜晚的星空也好像更加摄人心魂。事实上，外在的一切根本没有因为你遇见了心爱的人而改变，那么，真正改变了的是什么？是你自己！因为你坠入了爱河，你让自己充满了激情，你是在用一种全新的目光、充满激情的眼睛在看周围，在看世界。

落日的余晖、傍晚的散步、成束的鲜花，这些东西本身并没有激情，其他的东西也是一样。激情的源头与物体无关，甚至与你所遇到的那个人也没多大关系。你所有的经历，有没有激情全靠你自己。正是你自己对生活的那份激情，使你能够感知到你眼前的每一个人、每一种场景、每一处自然景观以及每一种生活境遇所投射到你心中的真美。

用崭新的、充满激情的眼睛去看世界，意味着你正在把世界当作恋人、爱人来看待。"看到那两只飞鸟了吗？"爱恋中的人会指着空中让对方看。"看它俩飞得多近——它们一定正在恋爱。""多神奇的风儿啊！它正在爱抚这些树枝，就像是它要做爱一样！"恋人们会对着风感叹。他们其实都在做同一件事情，就是找寻外部的景物来映射自己火热的内心。他们很容易就能感知到世间万物的可亲、可爱和激情，因为他们正戴着用亲爱和激情做成的有色眼镜。他们心中正充满着爱恋，所以他们满眼都是爱恋；他们正充满着激情，所以他们看到的就都是激情。

同样，当你度过你的一天，寻找爱、寻找生命，表达自己激情的方式是：

窗外的曙光不再仅仅表示忙碌的一天又开始了，那晨曦分明是在提醒你注意，再一次醒来你该多么感激，感谢上苍赐予你生命，感谢太阳又扬起了笑脸，于是你承诺要在新的二十四小时里去学习、去笑、去爱。

面对一堆等待着洗刷的衣物，不再把它们仅仅看作一项未完的家务事，而是想起了穿戴这些衣物的家人，你珍爱他们，他们身着这些衣物玩耍、工作、睡觉，生活中能有这些人陪伴是多么幸福啊！

面对一顿饭，不再总是三口两口地吞完以尽快返回去工作，而是愿意好好想想这顿饭菜背后的那些人，他们长达数月的耕耘、栽种、收割、加工，换来了你面前的食物，当你饿了时，你能有的吃，而且想吃什么就有什么，想吃多少就有多少，多么幸运啊！

当你开始以这种充满激情的眼光来看待周围、看待世界，那么从此，你的每一天都将会充满惊喜，每一刻都将会充满意义。

当你开始热爱生活，你就会用爱恋的目光去看待这个世界，你就会用激情的眼光去感知这个世界。

带着充满激情的眼睛，就意味着你关注的是万物之美，叹服的是时光的魔力，找寻的是人间之爱。

♥你的激情对世界产生了影响

有一次坐飞机去做一个讲座，我旁边坐着一个推销员，他已经在外面奔波了一周，此刻正在回家的旅途当中。我们一路上聊了几个小时，谈到了各自的工作、家庭，谈到了最喜欢去的地方，还说起了自家养的狗！谈话快要结束的时候，这位先生转过身来对我诚恳地说道："我必须坦白，我真羡慕你。"

"为什么？"我问。

"因为，我只是个推销员，"他回答，"但是你，你的工作对这个世界确实有所贡献。你瞧，你的工作触碰到了人们的内心。要不是我必须养家糊口，我会马上辞掉手头的工作，回到学校，也去读一个像你这样能帮助他人的社会救助专业的学位。虽说我知道现在才这样想已经太晚了，可我还是忍不住想说，真心希望以后的生活当中我能做得更多些，能做出一些真正有意义的事情来。”

看着眼前这个热情、体贴的人，回想起刚才我是多么享受我们一起聊天的时光，以及他的话语和故事又是如何打动了我，于是我说：“谢谢你的坦诚，但我也想让你知道：你错了！你已经在生活中做出了了不起的事情。事实上，在刚刚过去的两个小时里，你就一直在做这样的事情。你是一个充满激情的、有爱心的人，而你的这种激情，毫无疑问已经为我的生活增添了一些宝贵的东西。你分享了不少关于家人的趣闻逸事，也引发了我的联想，我现在更加欣赏我的家人了。你谈到了曾经去过的地方，描述得如此丰富多彩和充满爱心，让我对上天的创造之美心怀敬意，心怀感激，心怀甜蜜。你的善意和爱心已经对我产生了影响，我敢打赌，你的爱心和热情会对很多人的生活产生影响。”

当我和这位旅伴四目相对时，我看到他的眼里充满了泪水。“谢谢你，”他用沙哑的声音低声说道，“我真的需要听到这个。最近我一直感觉自己简直就是个失败者，因为我没能做出任何像样的事情来，所以我一直感觉筋疲力尽、垂头丧气的。我没有做出过任何我觉得真正重大的事情。直到你说出刚才这番话之前，我从未想过我对生活的热情还能对他人产生影响。但我知道你是对的，因为你的激情已经对我造成了很大的影响。"

　　不管你是谁，无论你如何生活，每天，你都很有可能会对周围认识的人以及那些你并不认识的人的生活造成很大影响。

　　为什么？

　　因为通过你的眼睛、你的行为，甚至是通过你内心沉默的语言，每天，你对生命的自然激情都在表达着它自己。

　　你的激情就像是一个邀请，能召唤出他人的激情。

第7章
活在激情之中

♥相信你的激情

要满怀激情地投身去爱，要热情洋溢地去生活，那么你就要有信仰，相信你自己的内心，相信你所爱。信仰，意味着承认激情是连接着你的当下与远方的桥，激情搭载你通向你的梦想、希望以及你渴望对这个世间做出的一点改变。信仰是激情的自然流露——当你对一段关系、一项事业或者一个目标充满激情的时候，你会感受到有一种信仰从心底萌生，相信自己会尽己所能地实现自己心心念念的成功。

有些人误以为有信仰是失去动力的表现，他们以为，心怀信仰是放弃了生命的自主，把自我生命的责任丢了出去。这是依赖，而不是信仰。所谓信仰，并不是指望什么事物或者什么人来拯救你、让你的一切都好起来。真正的信仰，是相信你自己，而不是信命。真的信仰，是相信你自身的内在力量和激情。正是这种激情，促使你去把握自己的未来，而且你的信仰源自你的承诺。

造物主已经将履行使命所需要的一切都交付于你，现在，你要接受生命的馈赠，接受自己的独一无二，并且热情洋溢地与人分享你的生命之光。

因为激情，我们心生信仰。

当你为了幸福，为了追求真理甘愿接受激情的驱使，
不自觉地，你已触摸到了自己的生命本源。

刹那间，你感觉充满了力量，踌躇满志，
这感受，前所未有。

然后你意识到，
信仰与希望无关——
那是一种自信，
一种认识，世间真谛正通过你运行。

♥满载着原创激情的大千世界

我们生活在一个满载着原创激情的大千世界里。如果你能好好领略大自然的神奇造化，仔细观察身边的一草、一木、一虫、一鸟、一石、一沙，很明显，造物主在原创时满怀着炽烈的激情。鬼斧神工、万千变化，就在我们的脚下；日月星辰、深邃无际，就在我们的上方。所有这些，都在向我们展示着那位幕后的宇宙艺术家所拥有的挥洒自如的无限激情、无限热忱和无比欢欣。

请想想看吧——真的有必要为这个大千世界装扮上成千上万种千娇百媚、万紫千红，却又异彩纷呈、芬芳馥郁，且尽皆沁人心脾的花朵吗？造物主本可以只造出一两类、三五种对昆虫有用的花朵，的确没有必要如此疯狂地展示和炫耀自己的想象力。那么，为什么我们在花园能看到如此绚丽多彩的景象呢？激情！那是造物主创造性智慧的激情！你所看到的其实是那激情在以大无畏的方式展现自己，是那激情正在为自己满满的爱意而兴高采烈。

在现实世界里，在大自然的每一个角落，我们都能看到造物主同样的激情印记。每一个白昼，日出日落，天空中都要上演一场辽阔无边、壮丽辉煌的赤橙黄绿青蓝紫的交汇。每一个晚上，我们都能看到浩渺的夜空中亿万颗星星璀璨闪耀，就像一颗颗钻石镶嵌在无垠的夜幕上一样。

日月如梭，四季更替，大自然用和煦的春风让人们愉悦，用夏日的狂风暴雨让人胆战心惊，用秋高气爽和累累硕果殷勤款待我们，用冬的银装素裹让我们冷静下来把心绪整理一番。没有哪两朵云彩完全一模一样，没有哪两棵树长得完全相同，没有哪两朵浪花在同一处升起和落下。每一座让人景仰的高山，每一条蜿蜒透迤的河流，每一个人独一无二、不可能复制的个性，大自然里一切的一切都不尽相同，一时一刻都不可预知，总是妙趣横生，从来不会单调乏味。

满载着激情的大千世界时刻都在教导着我们要满载激情地去生活，用激情去迎接每一种新的体验，用激情去面对每一位新遇上的人，用激情去欣赏我们周围的每一个奇迹。我们被造物主用激情创造出的万物所包围，它们绵绵不绝，它们亘古不变，它们魔力无限，它们就是造物主激情的自我展现，仿佛大自然在亲切地召唤我们：快来快来！加入到生命的激情之舞当中去吧！

请环顾这个神奇而壮丽的世界吧！

你的目光所及，到处都是大美，它们都在呼唤着你的激情。

你的心之所及，到处都是雄伟，它们都在提醒你要记起自己的高贵。

当你能让自己开始真诚地景仰自然万物，你必然就会意识到自己的力量、自己的激情，因为你就是你正在景仰的壮丽辉煌的一部分。

就好像造物主在说："我爱你们。我为你们而充满激情。这就是我为你们做这一切的原因。"

♥ 爱的奇迹

生命如此奇妙，生命拥有如此多的祝福，怎样才能报答我们的造物主呢？如果有一种方法，我相信那一定是：在我们被赐予的生命中的每一刻，要不忘初心、充满激情地生活。充满激情地生活就意味着你将会把爱带给每一个你遇到的人，带进你所做的每一件事情当中。

爱是你能提供给这个生生不息的大千世界的最伟大的礼物。当你在分享爱时，无论方式、方法微不足道还是惊天动地，你都是在分享你最珍贵的生命财产。分享爱就是在向接受者致意，在向给予者致敬，也是在向爱的终极源泉表达你最崇高的敬意。

今天、明天，生命的每一天，你都有成百上千个机会去分享你爱的礼物——一次爱抚，一个微笑，几句亲切的话语，一番同情的表示，无论分享方式是显而易见还是很不起眼，无论分享的对象是你认识的人还是从未谋面的人。请敞开你的心扉，让你的激情之河奔腾向前吧！不久，你就会发现最惊人的秘密：你付出的爱越多，你就会拥有越多的爱！

爱就像光芒四射的光源，它能照亮所触及的一切，它还能引燃每颗心的爱的光芒。

你爱得越多，越充满激情地生活，你就越能唤起更多的爱的共鸣。

于是，你的激情就会从一个人传递到另一个人，从一颗心激荡到另一颗心，一遍又一遍，永无止境。

这难道不是奇迹吗？

你的爱会留在世间，将会永存……

下部 · 如何提升爱的能力

你的伴侣并不是你的附属，

他是上苍托付于你的，

如果你不好好待他，

你就要失去他，

当你谨记这些的时候，你就是一个爱人。

第8章
真正的爱，必须敢于交出自己

♥ 为什么需要真爱时光

这本书是写给爱人们的。既是为了那些已经找到了归属的爱人们所写，他们正手牵着手在爱的旅途上并肩前行；也是为了那些曾经相爱，现在却貌合神离的爱人们而写，他们希望找回曾经拥有过的爱的激情；还是为那些孤单的人们所写，他们正等待着，渴望着能像那些沐浴在爱河中的人们一样生活，直到遇见自己的真爱。

当生命中住进了一个爱人，喜悦、幸福就在叩响你的心门。你得到的是上苍赐予你的一份大礼，一个选择了与你同行、不离不弃、牵手一生的爱人。他将与你分享彼此生命中的朝朝暮暮，既同床共枕，也同舟共济；他将看到你的全部，包括从来没给别人看过的，你最私密的部分；他能触摸你身体的每一寸肌肤，包括那些没有其他人碰触过的地方；无论你在哪里，那个脚踏五彩祥云的人终将会找到你，他会牵着你走出畏惧和不安，用爱的怀抱为你营造一个安全的港湾。

相爱的人每天都生活在奇迹的海洋中。他的微笑，他的声音，他脖颈的气味，他的一举一动，都是投射到你心湖中的阳光。他能驱散你的孤独，他有点石成金的魔力，他就是你在人间的天堂。

爱人意味着什么？结了婚或是做过爱就是爱人了吗？不，远远不够。无数的人结了婚，无数的人做过爱，但这世上真正相爱的人却并没有那么多。

真正的爱人，必是敢于交出自己，与爱人缠绵共舞直到地老天荒的人。

你若是感激上苍恩赐让你们相遇，且日日夜夜为之欢欣，那么，你就是一个爱人。

你的伴侣并不是你的附属，他是上苍托付于你的，如果你不好好待他，你就要失去他——可能先是在感情上离开你，甚至最终你们分道扬镳。当你谨记这些的时候，你就是一个爱人。

爱人之间发生的任何事情都不会是无关紧要的，你的每一句话都有可能引起他的喜悦或忧伤，你做的每一件事情都将巩固或是削弱你们之间的情感纽带，当你意识到这些的时候，你就是一个爱人。

当你明白了这一切，因此在每天早上醒来时心中总是充满感激，感激你又迎来了与伴侣相知相守的一天，这时，你就是一个爱人。

如果你开始漠视上苍赐予你的这份大礼，不记得珍惜对方，无视这份美好的情感，那么，你就不再是一个爱人了。

我想，这世间没有什么比徒有爱的外表却已无爱的实质更糟糕的事情了。如果有那么一天，你看着你的伴侣，难过地意识到："我喜欢他，但已经爱不起来了。"那么，连接着两颗心的圣桥就会轰然崩塌，取而代之的将会是一种令你痛苦的、不断啃噬你身心的空虚。你们可能会继续同在一个屋檐下，分享一张床，共有一个家，但是，你们之间，不会再有真正的、爱人才能分享的那份欣喜若狂的情感，你们现在只是一对室友而已。

失去了爱，曾经吸引你的魔力失效了，这样的事情并不会在一夜之间发生。当你或者你们彼此都习以为常，把上苍的恩赐当作理所当然，不再像一个爱人一样去想、去做时，这就是一个不可避免的结果。

为什么天底下有那么多的人，仅仅只是当丈夫、做妻子，并没能成为真正意义上的爱人呢？因为他们并没有付出足够的努力去善待自己的伴侣，因为他们忽视甚至漠视伴侣灵性层面上的真美，当然最重要的，还是因为他们没有经历足够的真爱时光。

生活上的伴侣要想成为永远的爱人，就需要拥有更多的、专属于你们自己的真爱时光。

真爱时光在哪儿？真爱时光就出现在你和伴侣一心一意专注于对方的时候；出现在你们对彼此的爱全神贯注的时候；出现在当你用心体验你们之间正在发生的事情，无论那事情是什么的时候；出现在当你把心的触角伸向对方，任由爱意自然流淌的时候。做爱或者做早餐，你都可以使其成为一段真爱时光，因为做什么事情不重要，重要的是你在做这些事情的时候有多用心，这才是你做事的过程能否成为一段真爱时光的关键。

做一个真正意义上的爱人，需要你用心关注伴侣，用心呵护你们的关系，同时也要用心善待你自己。问题是，我们中的许多人，情感世界仿佛就是一片荒原，没有思想的郁郁葱葱，没有感受的姹紫嫣红，只有浑浑噩噩的机械反应。你是在说话，你是在拥抱，你是在做爱，但无论做什么，你仿佛都是心不在焉。你脑子里塞得满当当的都是那些你马上要做的事情，比如还没来得及回的电话，或者是关于孩子的什么问题，杂七杂八，唯独缺失了那件你此刻最应当在乎的事情——爱你的伴侣。

当你身处爱情当中，却对爱侣心不在焉的时候，那不是真爱时光，你没有活在当下。你是在回忆过去或是担心未来，而不是驻足当下、活在此刻。当你心思飘忽的时候，你就不可能真正与你的爱人相连，他也就不可能真正感受到你的存在，甚至连你自己都感觉不到自己的存在。当你不能充分地感受当下，你也就不可能感受到彼此的爱，无法体会"浸润在爱中"的滋味。

要想感受到"浸润在爱中"的滋味，你和伴侣就必须相向而行，营造专属于你们自己的爱的世界。只有这样，你们才能感受到彼此的爱。

一对爱侣如果不能彼此分享足够多的真爱时光，爱的灵魂就要忍饥挨饿。你们可能时时刻刻黏在一起，但除非你们能共同经历一些真爱时光，否则两颗心永远不会真正地连在一起。

真爱时光能教会你如何全心全意地关注伴侣，教会你如何从当下做起、从眼前入手。正是这些真爱时光，最终让你们的关系拥有深度，给你们的爱赋予意义，让你们能始终感受到永永远远"浸润在爱中"。

♥关于心灵的肉体庆典

有了爱侣，你们自然就会渴望在专属于你们的二人世界里共浴爱河，共同分享爱的欢乐。每当你和爱侣结合时，你们的身体就没有了界限，身心通透，水乳交融。我相信，和许多古老的精神传统一样，性有着一种神圣的力量，因为所有的生命自它而始。因此，性爱的力量，简单说来，就是生命的力量借由你的身体来表达自我的能量。当你学会运用这种力量来为生命欢呼、为爱情喝彩时，你就能把感官上的愉悦转化为身心交融、灵肉合一的爱的狂喜。

性是一种神圣的分享——它是你和你所钟爱的人的灵魂在合二为一的肉体上共舞。

性是关乎心灵的肉体庆典，是对伴侣的另一类冥想和深思，是生命的传奇，是爱的奇迹。

我们的文化使人们对性和它的真正作用知之甚少，我们也因此吃尽了苦头。美国本土的道德标准起源于最初移民到美洲大陆上的清教徒们的生活习俗以及清教主义文化背景，因此，我们现今就生活在一个将性事与生活分隔开来、把性欲与灵魂割裂开来的社会中，甚至还会将性爱视为令人难以启齿的丑事或者罪过。性是人类最基本的本能，然而，我们中的许多人却只能通过尴尬、不愉快的经历来知悉和了解它。更糟的是，我们是在忌讳谈论性事的氛围中长大成人的，因此，即使是面对丈夫或妻子，甚至是面对我们自己，我们也常常很难做到诚实面对。对于许多美国人来说，关于性的话题至今依然还是只可意会，不可言传。

这样的结果，就造就了一个对性普遍无意识的群体。而如果我们对某件事无意识的话，在它面前，我们就会变得或压抑、或沉迷、或沮丧，甚至是功能失调。性没能成为人们快乐的源泉，反而常常引发人们的羞耻感和挫折感，或是被用作惩罚伴侣的武器，或者是用来在痛苦的时候麻痹自己，或者是把性当成了爱的替代品。而且一旦对性无意识，人们就无法真正体验到性爱过程中的真爱时光。

当你将真爱时光注入两人的性爱之中的时候，你和爱人能够共同品味和分享的最难忘、最动人的时刻就出现了。这一刻你不带任何目的，也不想完成什么。这一刻，你全身心地沉醉在爱人的身体、内心和灵魂中，品味当下。本书后面的一部分，我将向你们介绍一些接吻、触摸和融合的技巧，这些技巧将帮助你重新塑造你的性生活，这样，你和伴侣之间的性爱游戏，就不再只是为性爱而性爱，而是以此为出发点，不断升华你们的情爱，不断加深你们的融合，那时候，你才能算是真的会爱了。

♥ 真正的渴望

归根结底，真正相爱的人不会等到一方或双方有了性欲时才开始做爱。

做爱不仅仅是为了满足爱侣的性欲，做爱是要和爱人一起共同创造属于你们自己的真爱时光。

如果你把做爱和性欲捆绑到了一起，这将会给你的性生活带来巨大的压力。性爱，无论多么好，都没法满足你，你会无比渴望爱情，渴望真正与爱侣心灵通透，因为你渴望的不只是肉体的欢愉——你真正渴望的是爱侣间的真爱时光。

我相信，在我们的社会里，人们对性所表现出的无尽渴望和迷恋，其本质是对真爱的渴望。许多人以为他们需要更多的性爱，但其实他们真正需要的，是更多的真爱时光。如果你真的渴望和伴侣在一起的真爱时光，那么，有多少次性高潮，或者一周有多少次性生活，都无关紧要，你的内心依然在渴望爱情，渴望灵魂的交融。

这样的认知，将有助于打破只有在卧室里才能做爱的谬见。卧室当然是性爱的好地方，但如果你非要等到进了卧室才能开始做爱，有时候可能就显得太晚了，因为情绪的脚步可能赶不上你身体燃烧的速度。于是，像我们中的许多人一样，一场原本可以是爱人间的身心俱融、灵肉合一的狂喜，只落得以一次还算是不错的性交收场，如果你足够有运气的话。

那么，两个相爱的人什么时候做爱比较好呢？只要你希望与爱侣共度一段真爱时光，任何时候你们都可以做爱——就在你忽然想完完全全感受一回你对她的爱的那一刻；就在你被浓情蜜意征服的那一瞬间，一个微笑、一个拥抱、一阵凝视，都仿佛在召唤你："我真为我们之间的奇迹而欢喜……"

与爱侣相伴的日子里，你还要做一个好丈夫或是好妻子，要做最好的朋友，做最好的父亲或母亲，以及做好其他一切角色，这样才能构筑一个完整、丰满的伙伴关系。但是请记住，每天至少要有一段时间，让自己成为一个好爱人。要寻找爱的机会，去激起你们心湖的波澜。要找到你内心深处最柔软的爱，细细品味，浸润其中。要让真爱时光环环相扣，你们永远都在一起创造爱，你们的快乐将会绵绵不断、无尽无穷。

第9章
深爱的勇气

♥克服你的恐惧

仅仅拥有一段情侣关系并不需要有多大的勇气。比如你选择与某人共度一段时光，与之有了性关系，或许还住进同一所房子里。但如果要深深地爱上一个人，不仅仅要做夫妻，还要成为真正意义上的爱人，要一起踏上真情实意、永不放手的爱的征程，则确实需要勇气。

深爱总是需要巨大的勇气。它要求你克服恐惧，在深爱的人面前卸下防备和伪装，坦坦荡荡地向对方敞开心扉，展示你最私密的藏匿之所。深爱还要求你诚邀你的爱人完完全全走进你的生活，相知相守，让他看到完整的你，既要让他看到你的力量，也要允许他看到你的绝望；向他展现你的美好，也无须掩藏你的糟糕；在他面前，你有时是一个自信、可靠的成年人，有时又像个孤独的孩子。深爱坚持强调爱人之间必须要赤裸裸地坦诚相待，让你看到自身所有的自私和固执己见，内心的不爱或怜悯，深沉的爱会让你看到成长为一个真正的爱人所必须经历的过程。

深爱可能会让你不舒服，因为它逼迫你不得不像照镜子一样，直面一个真真切切的自己。

如果你是以自己感觉有多么舒服来衡量你和爱人之间的关系好坏，你可能会自欺欺人，认为那种了无声息、一潭死水似的关系就很不错啊，因为那样的关系没有挑战。或者稀里糊涂以为你们关系的进展是不健康的，因为这样的转变让你浑身不自在。当然，这里我并不是说，那种总是令人痛苦和不称心的关系对你就是有好处的，你应该继续和那样的伴侣保持关系——不是这样的。但是当你鼓起勇气去深爱的时候，很多时候你都会觉得自己不舒服，因为深爱的关系会迫使你们超越原有的自我，会净化你们原本并不是真正善待自己的方面。

当你们深爱着，勇往直前、山盟海誓的时候，你们的爱情就不会拒绝真实、排斥真相。

和爱人发生了争吵的时候，你有多少次能听得进去对方的抱怨，说你表达爱的方式或交流的方法有问题。你是不是发现自己正在琢磨："得了吧，我才不需要你来教我！"我的回答是，你确实需要！否则争吵就不会发生。我知道——下面的这句话似乎有点儿反讽的意味：

你们的爱越深、越真诚，你们之间建立的信任越多，你们之间就会越通透，就会越多地直面事实，你就会有更多的不舒服。

这就解释了为什么天底下执子之手的人多，白头偕老的人却没那么多。也就是说，一对伴侣，在他们开始朝夕相伴之后，比如住在了一起或是刚结了婚，往往就会经历一段开始有别扭、关系变紧张的时期。爱的誓言以及亲密无间的渴望，炽烈如火，不断"加热"着两人关系的温度，直至它达到沸点，直至所有的杂质都升腾到表面。仿佛是突然之间，你意识到了在伴侣身上，还有在你自己身上，怎么会有这么多糟糕的事情。

如果你不理解上述原则，可能就会曲解你们的关系中正在发生的，其实是有益于关系健康、有益于净化二人身心的事情，误认为这是有害的和令人讨厌的事情。于是你可能会恐慌，会想："天呐，我们之间怕是要完了！"而实际上，磨合过程产生的冲突会让你们的关系越来越融洽和谐。因此，也正是在这样的时刻，你需要鼓起勇气。坚持不离不弃，而不是逃避或放弃；坚持面对真相，而不是躲躲闪闪；坚持坦诚相待，而不是封闭内心——鼓足勇气坚持去爱。

♥离开你的舒适地带

如果深爱需要一定程度的勇气，那么和爱人分享真爱时光就需要更大的勇气。为什么呢？因为真爱时光会迫使你去感受当下正在发生的到底是什么……

你和伴侣共同分享的真爱时光越多，想回避你们关系的真相就会变得越来越难。

你和伴侣在一起心心相印、坦诚相待的时间越多，有些事情就会变得越来越难。比如，想在你们的关系已经有了问题的时候，还要假装一切都很好；或者，想在伴侣已经开始厌倦的时候，还要让自己相信对方足够爱你；抑或是想忽略你们关系中的那些阴影。这就是我们当中的很多人不遗余力要逃避真爱时光的主要原因之一——真爱时光富含对抗性，它会迫使你离开你的舒适地带，它要求你必须全神贯注。

因此，你似乎找不出时间来和伴侣进行艰难的对话，你原本打算好好谈一谈的，可实际上呢，要么你早就答应过给自己一个安静独处的夜晚，要么你们更愿意慢慢吞吞、不温不火地做爱，总有一些事情耽搁你去认真交流。我不介意你的借口看起来有多合理——你在逃避真爱时光，因为你害怕可能出现不得不去面对的感受。

深爱的勇气、分享真爱时光的勇气，就是那种要与爱人赤裸相待的勇气，这里不仅仅是指肉体上的，更是指情感上的赤诚。实际上，感情上的赤身裸体要远比肉体上的一丝不挂更加令人生畏。当你脱光衣服，伴侣看到的只是你的身体，但是当你情绪失控的时候，他可以看到更多——你有多需要他，你有多不安，你有多愤怒——尽管你矢口否认，或者到了真要上床的时刻，你有多么害怕。

很少有爱侣愿意花足够多的时间真真切切地保持赤裸相见：

这里的赤裸相见并不是指要脱掉你的衣服——这里指的是，要脱下你的面具，展示你的真切感受。

你是否曾经眼睁睁地看着伴侣另有一个情感世界，而他却不愿意向你吐露？你是否有过，在知道她很不开心的情况下，却没有问过她"哪里出了问题"。或者是问过之后，她只是冷冷地回答"没什么"。或者，你的爱人曾经向你敞开心扉，希望能走进彼此的内心世界，而你却发现自己并不愿意？上述种种情形就表明，我们已经给自己裹上了一层厚厚的"情绪外套"，我们在逃避不能有一丝一毫的遮掩、需要赤诚相见的真爱时光。

当你和爱人赤身相见、肌肤相亲时，你会体验到一种亲密、纯真的感受，还有一种毫无防范的脆弱感。这些感觉，在你穿上衣服的时候是很难体会到的。所以，同样地，当你们俩都鼓起了勇气，在情感上"赤身裸体"，让两颗心灵"肌肤相亲"的时候，你们将会"看到"彼此的存在。如果没有真爱时光，你们也就不可能这样赤诚相待。

如果你有了爱人，并且信任他，那就脱下你的衣服吧——脱下你穿在肉体上的衣服，也脱下你遮挡在心灵上的伪装，和珍爱的人赤裸相对，尽一切可能地创造尽可能多的赤诚时刻。

♥爱，总要从你自身开始

我们对爱的最大迷思之一就是，爱是我们自身之外的某种力量，它会满载着激情神奇般地降临到我们身上。当你第一次坠入爱河时，仿佛是有人忽然叩响你的心门，并长驱直入，在你的心房里住了下来，它倾倒所有的美妙情感，像雨露一般滋润着你的心田，短暂的极美。然而最终，那份爱仿佛是在减退，至少不像是一开始时那么的火热和炽烈，于是你开始等待，等待着你的爱人能带你冬去春来。

等待着伴侣用爱来填补自己的情感是不可行的，你必须学会不断地去爱上他，一而再，再而三。

爱总是要从你自身开始。只有你自己才能决定，想不想、愿不愿去寻找伴侣的可爱之处，无论何时，无论何地。

如果你只是一味地等待，等着你爱的人能说些什么、做些什么，好让你感觉到更浓烈的爱，那你就不可避免地将自己推向失望之境。可不可爱不是他的事，爱不爱他则是你的事——要了解他的需要，并努力使他满足，要给予他关注、温情和欣赏；用你的善良、体贴和言语让他知道，你是多么的珍惜生命中能拥有他这样的一份天赐大礼。同样地，爱你是他的事，他也要给予、说出和做到同样的事情。这种相互给予需要有很多的真爱时光，只有当你能放下自我，全神贯注地投入爱人的世界中，去理解爱人的思想，去体会爱人的心意时，真爱时光才会出现。那时，你是在由内而外地感受他的全部，不断地探寻他从你那儿希望得到的是什么、想要的是什么。每一天，你都可以问自己一个问题：

"我怎么才能更爱他呢？"

希望你的伴侣也在问自己同样的问题，并渴望取悦于你，就像你渴望取悦于他一样。不过，即使起先他并不是这样，当你选择了要这个样子去爱他的时候，你会发现，你最终会感受到更加爱恋你心尖尖上的那个人。

当然，这里所谈及的可绝不是要让你成为一个牺牲自我、完全没有独立能力的人，一个只是为了让他快乐而忽略自己、无视自身需求的人。事实上，一个人如果不善于爱自己，也将很难爱上别人，因为如果你连为自己都不愿意付出时间和精力，那么为他人付出就必然会招致你的厌恶甚至是怨恨。爱，就像生活中的其他一切事情一样，必须以一种平衡、和谐的方式来进行。你必须要懂自己，能满足自身的需求，并且能确信，爱他永远不会妥协自己的个人价值、损害自身的完整性。而且爱也必须和伴侣相向而行、共同起舞，爱的另一方将会和你一样的投入、专注，所以在爱中，你不是唯一一个给予和付出的人。

　　我把这种做法称为"主动去爱"，因为深爱的勇气就是意味着要不断地、主动地去爱他。当你俩都不再等待，不再等着对方先迈出第一步，或是确信对方真的爱你之后，你才去爱对方，而是选择主动去爱时，你们的爱情就会开始变得丰满、流畅。

　　这就是爱情之舞的步伐。你鼓起勇气迈出了第一步，你爱的人也正在向你贴近，突然之间，你们发现二人共同坠入爱河，伴随着属于你们自己的亲密节奏，臣服于等待着你们的合二为一。

♥把亲密关系当作避难所

这世上所有你能到达的地方，没有哪里能比你和爱人之间的亲密关系更让人心安的了。你和爱侣共同营造的那一所心灵和身体的家园，最理想的情况下，应该是一个避风港，一处庇护所，当你们的生活陷入困境时，那里能为你提供勇气、智慧、安慰和支持。当然，也许你并不总是选择用这种方式来看待你们的关系——有时候，你需要从自己这儿找到慰藉和答案——但在你的内心深处，你永远都清楚地知道，你们的爱就在那里，在黑暗中闪烁着一束光芒，永远会引导着你重新回到那一处属于你的地方。

但对许多爱侣来说，情形并不是这样。与其把亲密关系看作一个恢复元气、平静内心的庇护所，你或许更倾向于认为它只是你生活中又多出来的一个部分，会把你耗尽，将你掏空。与其期待和伴侣在一起，确信和他相伴会为你注入能量、增添活力，你或许宁愿躲避那个你最爱的人，因为担心沉溺于温柔乡会削弱你的能量，于是，你就退缩，回到孤独，甚至与你所爱的人分道扬镳。

当亲密关系滑入低谷时，你不仅无法想象从爱人那里能汲取到情感上的营养，你甚至会觉得，你爱的人本身就是你所有痛苦和混乱的根源。这只会激起你脱身的欲望，无论是在情感上还是在身体上。有时，情况的确如此，比如说你遇到了一个错误的人，或者你的伴侣并没有全身心地对待你和你们的关系，或者，对方的处事方法和表达方式已经过时了、失效了，也就是说，他的情感模式有问题，给不了你想要得到的爱，你可能真的需要撤出来，重新找回自己，或是鼓足勇气发出最后通牒，甚至彻底离开。

当然，即使是在最甜蜜的爱情中，两个人也会有感到不安的时候，也会有你需要别人的理解和支持的时候，有你和伴侣闹别扭、闹矛盾的时候。但爱的关系不应该一直这样，甚至，大部分时间这样也是不应该的：

当你在想要向伴侣寻求安慰时感觉不安，那么，你们的关系就是出了问题……

当你有了烦闷、痛苦，你更愿意信赖他人，而不是自己的伴侣时，你们的关系就是出了问题……

当你无法在你们的关系中找到你一直在寻求的平静、安宁时，你们的关系就是出了问题……

爱，应该是你的归宿，而不是牢笼。

你应当感到，你可以把你的爱人变成你的情感庇护所，而你的爱人也理所当然地应当这样认为。为了达到这样的境界，分享真爱时光，你们需要感到舒心才行。总而言之，能感受到爱人的保护和滋养，绝不仅仅是依靠爱人的言语或姿态——这种感受出现在，当他紧紧地把你抱在怀里，或是她将自己温润的躯体紧贴着你的时候，仿佛是在呢喃"一切都会好起来的"；或者当你向他倾诉时，他打量你的眼神，那眼神里有一种承诺，承诺他永远不会离开。正是那些相知相守的真爱时光，无始无终，简简单单，将创造出你们想要的岁月静好。

首先，你要学会辨识出，你的爱人正希望得到庇护的迹象。你能说出她什么时候需要一个贴心的拥抱吗？你能通过他的行为意识到他正在感到害怕吗？你知道她什么时候需要你和她好好谈论吗？大多数人都不会直截了当地告诉你："我现在已经不知所措，我需要你成为我的避难所。"因此，在你们学会于困境之中主动请求对方给予支撑和呵护之前，你们都应该留心观察对方常常流露出的无声的求救。如果你不确定需要救助的是什么，问问你的伴侣："如果你心烦意乱，需要我特别照顾，你通常会怎么样表达出来呢？"

一旦你熟悉了爱人可能在一些真爱时光中流露出的求助迹象，那么你就需要学会成为他的避难所，但这说起来容易做起来难。你可能以为，你要尽力让爱人感觉你可靠、安全，然后对方就会向你敞开心扉、寻求安慰，但事实上，如果处置不当，你有可能会使局面变得更加困难。那就是，成为爱人的情感庇护所并不意味着一定要改变他或解决他的问题，我曾经很难理解和接受这一点，而且至今还在努力去实践。成为爱人的情感庇护所不是非要做些什么事情不可——而是只需要你和他在一起，共同浸润在你们的真爱时光里。

你知道如何在爱人痛苦和悲伤时，只是好好爱他，而不是试图去敲打他、改变他吗？你知道如何给予爱人安慰和支持，即使那安慰和支持看上去简直于事无补、多此一举吗？你知道如何以一种——当爱人需要的时候，你就在那里，而不是因为你想要在那儿的方式来陪伴爱人吗？

凡此种种，对于任何一个爱人来说，都不是轻而易举的事情，尤其是当你属于成功人士，已经习惯于从自己所努力的事情中看到即时结果的时候。认识到这一点，将有助于你提醒自己，要和伴侣尽可能多地在一起，不期待任何事情，不试图达成某一个特定结果，而只是简单地陪伴他、爱他。

如果你不确定自己是不是一个好的"爱的庇护所"，那就问问你的伴侣，他是怎么想的。真心实意接受他的反馈，让他告诉你他想要怎样的陪伴，以及他需要在什么样的真爱时光中获得舒缓和治愈。这是你能赠予爱人的最好礼物之一——一颗通透的爱心，知道爱人在什么时候最需要你，而且这个时候你必定会出现，伴他、爱他。

当你们的关系充满了真爱时光，你就不再会感觉它是一种义务或负担，相反，它就能成为疗愈的港湾。

如果你没有在你和爱人的关系中寻求庇护，那么你最终会在别的什么地方寻求庇护。事情就是这么简单。你无法否认人类的需求，你总有需要得到抚慰的时候，总有需要遮风挡雨的时候，总有需要减轻痛苦的时候。所以，如果你不去或不能去求助于你的爱人，你就会转向求助于所能替代的一切东西——食物、毒品、酒精、性瘾、疯狂地工作——因为这些事情会暂时麻痹或分散你的注意力。

所有成瘾的东西，其问题在于，它们只能是真实事物的替代品，因此，它们最终还是无法满足你的心灵饥渴，因为你内心渴求的是同情和温柔。是的，有时候给自己倒上一杯酒，似乎远比噘着嘴向丈夫说“我受伤了，我需要你抱着我”要省事得多。有时候，工作到半夜似乎要比向妻子说出下面这一段话省心得多：“现在生意这么糟糕，弄得我简直提心吊胆。我需要知道，你仍然为我感到骄傲，无论如何都会爱我。”真爱时光并不总是那么容易，但是只有真爱时光才会真正地滋养你们的关系。

在我们家，有一尊非常特别的雕塑，两只大熊背靠背坐在一起，互相倚靠着，各自向上凝望，脸上露出心满意足的安宁。第一次看到这尊艺术作品时，我和丈夫就知道它简直就是为我们俩创作的——它折射出了这一章里所讲的诸多内容。我写了下面这首诗，就是为了纪念那尊雕塑带给我们的视觉提醒，它告诉我们，应当如何从爱人那里获得力量和支持，而且在这个过程中不失去自我。

两只背靠背坐着的熊

两只背靠背坐着的熊，
正无声地告诉我们，爱在何方。
请靠近些，再看仔细些，
你所向往的快乐和幸福，都雕刻在了它们的脸上。
看看它俩的样子吧：
背靠背坐着，彼此依偎；
满足、安详，洋溢在它们的脸庞；
相互依靠着，分享彼此的肩膀；
安心是因为，另一个它就在身旁。
然而，它们依然可以自由地仰望各自的方向，
仰望着自己的仰望，梦想着自己的梦想，
无论做什么，它都知道，另一个它就在身后的某个地方。
就这样坐着，献出各自的脊梁，
然而这样的奉献，成就超乎预想；
两颗心的碰撞，有无尽的力量。

看到了这两只熊，

我就看到了爱和承诺的真谛；

看到了这两只熊，

我就看到了爱情的本来模样。

我的爱人，请靠着我，

就像我此刻正紧紧地依靠着你；

我将是你的力量，也是你小憩时的那一弯臂膀。

当你仰望着属于你的方向，

梦想着属于你的远方，

我将用爱情来助你翱翔。

请靠近我，感受我们炽热的胸膛，

我来温暖你想要伸展的翅膀，

给你更多自由的力量。

我的爱人，我就在这里，

臂膀挨着臂膀，脊梁贴着脊梁；

我在你的背后，你永远的爱人、伴侣、家人，

你的灵魂、我的魂灵，

也将永远彼此滋养，相依相随。

　　我愿意与所有爱情中的人们分享这首非常特别的小诗，以提醒我们珍惜身边的那一份爱的庇护。把爱的关系当成平安和

疗愈的港湾吧，本应如此，倚靠着你的爱人吧，而且你也要稳稳当当地给他依靠。

第10章
爱的目光

♥ 爱的凝视

眼睛是通往灵魂的窗口，凝视爱人的眼睛，你就可以走进他的灵魂深处。当你盯着爱人的眼睛深深凝望的时候，你会超越形体，瞥见其内在的本质，你将超越言语所能够企及的疆界，你会得到爱人的本真。

我们大多数人都不太愿意直视一个人的眼睛，也不大喜欢别人盯着自己的眼睛直勾勾地看。日常生活当中，我们总是避免与他人有眼神接触，即使是和最爱的人在一起。人们发现，对于大多数人来说，被人盯着眼睛超过几秒钟，就有可能感到非常不舒服，因为直勾勾的目光给人的感觉会具有攻击性和骚扰性，就好像我们的边界被侵犯了。

当有人盯着我们的眼睛时，是什么让我们感到害怕？也许是害怕那目光会窥探出我们想要掩藏的东西——不安、愤懑、穷困潦倒；也许是担心那目光会穿透我们的层层掩饰，让对方离我们太近。所以，我们的眼睛会躲闪，我们会顾左右而言他，嘻哈一阵找个借口，眼光就落到别的什么东西上，什么东西都行，只要可以避开他们的目光。

通常，直视爱人的眼睛会让你觉得有些心惊胆战，他要是看着你的眼睛，也会有同感。因为当你们这样做的时候，可能会看到你们一直希望避免看到的——爱人的冷漠、无动于衷，或者你的言语唐突对他所造成的伤害，或者，面对他的深情厚谊，你尚不确定自己是否能够回报。

当爱的目光相互交织在一起的时候，那种情形会比脱光衣服更让人感觉赤裸、脆弱。这就是为什么目光相碰、相互凝视会是伴侣们加深感情、创造真爱时光的最好方法之一。

当你和爱人都开始认真地看着对方的眼睛时，你们可以共同分享的、最意味深长的真爱时光就来临了。

看着一个人的眼睛和看着这个人完全是两回事。当你看着某个人时，你想要的是两个人相互保持距离，你眼睛看着他，意识关注的还是自己。这就是他可能会如此不舒服的原因——你是在看着他，但他却感觉不到你和他在一起。你们之间的距离，让他觉得你在审视他、琢磨他。

当你看着爱人的眼睛时，你们之间的界限会暂时消失，不一会儿，你们的灵魂就会发生触碰。你看着他，他也看着你，两扇心门慢慢开启，仿佛你们的目光就是连接两颗心的桥梁，让彼此能一路畅通阔步走进爱人的心房。这就是本书述及的"爱的凝视"。

生而为人，我们有最基本的诉求，我们需要被别人看见、被别人理解，而且还要清楚地知道他人认可我们的存在。这就是为什么，如果你对你爱的人发火，固然会带来伤害，但如果你忽视他的存在，那种伤害则会更深、更难以弥补。这仿佛就是在说："你一文不值，什么都不是，没有你，对我、对我的生活没有任何影响。"

生活在一起的伴侣，常常会生出彼此间仿佛并未能相知相爱、身心交融的感觉。最亲密的人就睡在你身边，和你做爱，和你一起共进早餐、享用晚餐，有时他的眼睛望着你，眼神却似乎在游离。四目相对的时候，触摸不到对方的感受；肌肤相亲的时候，灵魂不能够彼此相拥……

这就是"心灵孤独"——当你所爱的人并没有真诚地、认真地看待你时所引发的空虚感。你们的身躯是待在一起的，但你依然感觉自己仿佛是在独处，孑然一身。你的生活始终伴随着一个秘密的渴望，梦想你的爱人能看到、理解你的心灵，期待他的凝视会穿透层层迷雾，直达你的内心深处，你期待着，尽管他看到了你的一切，无论他看到了什么，他都会依然爱你。

当伴侣用深情的目光凝望你，你恐怕会觉得任何礼物都换不来如此的柔情蜜意，也没有任何甜言蜜语能比此刻更让你着迷。因为凝望时的沉默创造出了一个神圣的空间，在那里，你可以用一种最纯粹的方式来接受他流露出来的爱意。

你的妻子是不是正在渴望着你的爱、你的关注？也许她此刻正需要你拉起她的双手，用充满爱意的眼神凝望她片刻，直到她能感觉到你的深情。是的，即使你最近被什么事情分散了注意力，你对她的爱依然如故，你也应当这样做。反过来说，你是否有过疑虑，你的丈夫会不会觉得你近来忙于家务和孩子，对他关注不够？如果是这样，那么就用你的双手捧起他的脸吧，深情地凝视他的眼，凝视他的心，直到他能感觉到你深深的爱意倾注到他的心间。

♥学会分享爱

以下是一些指导和建议，可以帮助你和伴侣更好地分享爱的目光。你们可以轮流这样做，也可以为了达到最佳效果而同时练习。即使你不认为伴侣会愿意尝试这样的方式，你也可以自己实践，相信你仍然可以获得一些美妙的体验。

　　首先，要选好地方，确保你们不会被打扰或分心，尤其是在你们刚刚开始练习"爱的凝望"的时候。一旦你们开始变得自然、放松，你们就可以在任何环境中深情凝望了。

　　要坐得舒适。如果你们愿意，请拉着伴侣的双手。把注意力集中在伴侣的眼睛上，当两个人的目光相碰时，先不要凝视，让你的眼睛放松。记住，一定要做一些深呼吸。现在，想象一下，你正在透过他的眼睛，一直往里看，往深处看，穿过了它们。不要留恋眼睛的外表——超越它们。

　　寻找那个仍然还是脆弱的孩子时的伴侣……
　　寻找伴侣体内那个想要实现许多想法的梦想家……
　　寻找他心灵中的那些良善……

　　现在，看得再深一些，寻找你们的爱……

　　感觉你的伴侣仿佛就是爱的纯粹表达。
　　向他发出无声的信息：
　　"我看到了全部的你，理解真正的你，我爱你。"

　　然后，想象着你的眼睛与心灵之间有一条通道，再设想你对伴侣的爱正从心中涌出，顺由这通道流到你的眼里，再通过你们爱的目光流向伴侣，流入他的眼，流进他的心间。

继续想象，从你眼中涓涓流淌的爱意，源源不断地浇灌着伴侣的心田，抚平每一处伤痕，填补了每一处内心的空虚。

感受着、品味着，你的爱正在让他走向幸福。
感受着、品味着，因为爱他正在让你自己越来越幸福。

如果你的伴侣正在用爱的目光凝视着你，请留意一下你们之间的界限是如何消融的，这样你就不会生出你需要在哪里停下，或是他应当从哪儿开始的感觉了——你所能感觉到的，只有你们之间畅通无阻的爱的暖流。

呼吸着爱的空气，让身心化入其中。很快，你就会意识到，自己已经化为无形，伴侣仿佛也不复存在，满世界剩下的只有你们的爱……

要想运用好爱的凝视，就需要多加练习。一开始，你们可能会有些紧张或不自然，甚至可能会有些抗拒，不愿意这样做，不愿意体验你和伴侣相互凝视所营造出来的真爱时光。但你越放松，感觉自己的全部身心就在当下，就在此时此刻，你的目光就能越容易越过爱人的心灵之窗，看到里面的一切；同时，你也要向爱人敞开自己的那扇窗户，这样，你们就能更多地、更好地发现并品味爱的甜蜜。

♥ 学会用眼睛去爱

爱的凝视是与所爱的人一起共享真爱时光的美妙技巧。但是，你在日常生活中发挥想象力的方式不同，其结果可能也大不相同，有些方式会加强你们的亲密关系，有些方式可能弄巧成拙。学会用不同的方式去看待你的爱人，可以为你们的爱情增添新的亲密感和吸引力。我把这称作"寻找爱人的美丽"。

人类的形体是一项令人惊叹的艺术品，从头发到脚趾，人体的美无处不在。当你第一次坠入爱河的时候，你会完全、充分地认识到爱人的美——他的一切似乎都完美无瑕。然而，随着时光的流逝，你渐渐对伴侣的一切习以为常，你会忘记用欣赏的心态、用爱的眼光来看待他。相反，你开始看到那些不甚完美的地方——正在秃顶，腰部的赘肉，还有这儿、那儿简直都已经不成比例了。

我们所有人在形体上都远非完美。如果你的眼睛刻意去寻找伴侣的缺陷，那么，你肯定能找到。

如果你把注意力放在伴侣不够完美的地方，你的眼睛就会变成爱的敌人。

我们正生活在一个执迷于外在美，而对于内在美却漫不经心的社会环境里，结果，我们往往太过于把注意力放在伴侣外在的缺点上，而不留意他的内在美。你越留意伴侣的不完美，面对他的时候，你就越打不起精神，直到你摧毁掉你们之间所有的"性"趣。

人的眼睛不只是会看——还会发出能量。你有没有过这样的经历，比如某人瞥了你一眼，就让你浑身上下喜不自禁？或者某人盯了你一眼，你就像是挨了一刀？又或者，有的时候一个眼神就能瞬间为你注入力量和勇气？眼睛不只是能看，眼睛还能传递能量，一种通过眼神、眼光才能放射和接收的能量。

同样地，在亲密关系中，一个人的眼神既能让伴侣飞上云霄，也可能让他跌入深谷，就看你如何使用。你的每一个眼神都能在你们之间或者营造更多的爱，或者带来更多的不信任和距离感。你不需要说什么——他会感受到你爱或不爱，你的眼睛不会说谎。

开始用你的眼睛去爱你的伴侣吧！学会有意识地、积极地去寻找你的灵魂伴侣外在的美丽、优雅和非凡——她微妙精巧的手势；他强劲的后背曲线；她丝滑的秀发；他坚实有力的体格。用你的眼神去爱慕他，用你的目光去爱抚他，用你的眼睛去捕捉并欣赏他平日带给你的一个个奇迹，这样，每一次你看着你的爱人，你就会发现还有更多深爱他的理由。

第11章

用言语爱你的伴侣

♥ 爱的话语

　　成为一个好爱人意味着要善于与伴侣沟通。有了沟通交流，爱情之树才能枝繁叶茂。没有了沟通交流，爱将无法立足，因为正是依靠沟通交流，爱才能在你和你爱的人之间流淌，才能创造出柔情蜜意的体验。

　　许多恋人主要用性来交流沟通，用他们的身体来作为彼此建立亲密关系的纽带。所以，如果两个人的性生活能和谐、美满，他们就会觉得幸福、有爱；当性生活不和谐或不满足时，他们就会感到彼此疏远，有了隔阂。而且通常当他们想要联系和亲近他们的伴侣时，他们会发现自己其实渴望的是性，因为这是他们认为的能让两个人合二为一的唯一方式。

性爱当然是能帮助你与爱人建立连接的一种美妙方式，但它只是爱人间众多的连接途径之一。要想学会与伴侣一起共享更多的真爱时光，你则需要学会以尽可能多的方式与爱人共同建立深入、亲密的连接。

你和爱人之间建立的连接途径越多——不仅仅是在身体上，还要在你们的思想意识以及心灵层面上建立连接——你们之间的情感纽带就会越牢固，你们就越能体会到更多的真爱时光。

语言交流是你和爱人建立亲密关系的最好方法之一。语言是桥梁，可以让你从自己的主观世界走进伴侣的主观世界。语言能将你们的沉默连接起来，让你得以从内而外了解你爱的人，你爱的人也将如此。语言能消解误会，比如你以为没人能够理解你。语言会提醒你，你并不孤单。

言语是你和爱人的那一曲无形的爱之舞蹈的口头纪念。言语为你的理智提供判定依据，让你可以信赖爱人间的心领神会。内心深处，你觉得他爱你，但当你听到他说出那些爱的话语时，爱的体验就会变得更加真实。

言语是不可或缺的，因为爱的能量是无形的，言语是能够将爱打包的容器，承载满满的爱之能量，传递给伴侣，让伴侣感受到你的爱。每句关心的话语、欣赏的腔调、感激的表达，都是你向爱人献上的一份美好的礼物。

有些人认为，从语言的定义来看，词不达意是通病，它不可能传达完整的情感，因此会限制你的亲密体验。他们坚持认为："谈论爱情会使爱情变得平凡、琐碎。"我坚决不同意——如果没有言语来让爱的感觉变得有迹可循，无论是你还是你的伴侣，都无法感受到爱的真实。

言语能激起你们之间爱的能量。言语就像风，会在你们的爱情海洋上掀起波澜。水一直在海里，风吹动了它，逗弄着它，唤醒平静，掀起波浪，直到爱的海洋波澜壮阔。爱一直在心里，言语搅动了它们，从默默无语到情话绵绵。言语能助爱起舞，言语能让爱欢歌。

许多伴侣说起话来非常吝惜，他们总是很难说出动听的话，比如"我爱你"，"我需要你"，"你让我好开心"，等等，就好像这些话语数量有限，说多了就会很快用光了似的。所以，他们得把动听的话都攒起来，留到必要的场合才说，比如伴侣的生日或是爱的周年纪念日，让伴侣在大多数的时间里都觉得有些"话语饥饿"。

每当我在生活中遇到那些言语吝啬的男人，问及他们为什么不愿意多用话语来表达爱意时，他们总是辩称："如果说多了，那就没什么意义了……"

这种想法简直就和以下的想法、说法一样荒谬。像是如果你经常穿漂亮的衣服，那就不如偶尔穿一次那么漂亮；或者，如果你每天晚上亲吻孩子们并道声晚安，告诉他们你爱他们，就不如你每四个月才这样做一次。情感上的吝啬，会让你的伴侣感到不自在、受约束，甚至会导致怨恨。

只有当爱人间没有了真情实感的时候，言语才会失去意义。如果我真的不觉得我爱你，但我还跟你说我爱你，这样的话就没有意义了。之所以没意义并不是因为这些话我说得太多，而是因为这些话不是发自我的内心。重复并不会"耗尽"言语背后的意义——你表达的时候怀着多大程度的诚意，这句话就有多大程度的意义。

爱不是脂肪或胆固醇——没有必要限制我们对它的摄入量，也没有必要去假设爱得"瘦"点儿要比爱得"胖"点儿更好。

你有没有过在不知不觉中让爱人处于"情话节食"的境地？你是不是很少向爱人示爱，以至于你的爱人总是处于爱的饥渴状态？或是你的爱人寡言少语、不善于表达，让你感觉总是在爱的话语上"忍饥挨饿"？

我们中的大多数人，都需要学会更多地说出内心的爱。而且我们大多数人都需要伴侣说出更多爱的话语。爱的话语能满足伴侣的心愿，滋养伴侣的灵魂。如果我们能更慷慨地运用爱的语言，人世间就不会有那么多破裂的爱情，更多的恋人将甜蜜到永远。

分享爱的话语是情侣们创造瞬间真爱时光的方式之一，也是最简单的方式。

♥敞开心扉谈论自己

如果你敞开心扉谈论自己，你的伴侣就能够进入你的内心，观赏你丰富多彩及独具特色的性格，还有你内心的憧憬和渴望、你的情感与梦幻。没有言语的引领，他怎么可能在你那广阔无边的内心世界徜徉？没有话语的指点，他怎么可能明白什么会伤害你、什么会让你快乐，以及什么才会让你感到备受珍爱？

爱你的伴侣就意味着，要用爱的言语来帮助、引领他 / 她更多地了解你并更加珍爱你。

某些看似浪漫的说法，如果你傻傻地信了，就会对你们的亲密关系造成伤害，比如说，"如果他就是那个对的人，如果他真的爱我，那他当然、自然而然就知道我需要什么。"于是你就坐等，坐等对方展现自己，下意识地总在试探对方，看看他的言行能否正合你的心意。

如果你不能明白无误地告诉爱人你的所思所想，你所有的等待恐怕都将落空，因为即使对方希望能取悦于你，他也是漫无目的，也要迷失方向。结果你伤痕累累地得出结论："他给不了我想要的爱。"但事实是，正是因为你自己把他关在了心门之外，才导致你自己的痛苦、失望和背弃。

诚然，化情感为言语并不总是那么容易。有些人对爱的语言不太熟悉，因为从来也没有人对他说过那么深情的话。"我不喜欢谈论感情——这就是我的生活方式。"他们断言道。另外一些人用语言表达爱意时会觉得不自在，因为他们害怕用不好，或者表达感情会让他们感到脆弱和无助。他们会很不乐意地说，"我不知道该怎么说……我只是说不清，说不好。"或者，"我不想再说这些了。"

让自己学会如何运用爱的语言成为一个更好的爱人，害怕或担心缺乏表达能力并不能成为借口。

♥用言语做爱

你知道怎样用言语来爱她吗？你知道如何用绵绵情话让她的身体像鲜花一样为你绽放吗？你知道如何告诉他，你有多么地想要他，直到他为你而热血偾张吗？

在性爱过程中，有些时刻无须言语，另外一些时刻则有言语更好。绵绵情话为性爱增添了一个新的维度，创造了另一个让你们的柔情得以涓涓流淌的渠道。当你用身体唤醒伴侣的身体时，甜蜜的话能将你的激情输送到爱人的大脑，而大脑控制着我们身体里所有快乐的中枢。

做爱时的甜言蜜语，会让你们大脑更加炽热，让你们的身体更加沸腾。

话语还能帮助你和爱人彻底打开心扉，让你们的心灵堡垒轰然坍塌，让你们的身心通透，让你们能在做爱时感受到更多，不仅仅是身体上的愉悦，还有灵魂上的震颤。正是这样的感受，开始把性的欢愉升华为真正的爱情。

很多人在性爱过程中不太愿意说话，因为他们觉得那些话会让自己显得太赤裸裸、太露骨。他的爱抚的确激起了我的欲望，让人欲罢不能，但如果我告诉了他"你的爱抚让我疯狂……"，好了，现在他知道了，而我在他面前就变得一览无余，似乎可以任由他摆弄。因为我的那些告白给了他力量，让他知道他的魅力成功地降伏了我，告诉了他，我现在非常想要他。

如果你因为自己的家庭教养、宗教背景或过去不愉快的性经历而对自己现在的性爱感到罪恶或羞耻，那么，你可能就会避免在做爱时使用言语，甚至在听到爱人热辣的情话时也会感到很不自在。爱的表白仿佛揭开了能为你遮羞的那一层面纱，就好像你已经和自己达成了一项秘密协议："只要我不说出来，我就可以做爱，只要我不承认自己喜欢做爱，我就能感受到性爱的快乐。"

如果你对性爱依然怀有恐惧或不适，请允许你的伴侣用爱的言语来帮助你疗愈。他可能会在你耳畔温柔地低语："你是安全的……我永远不会伤害你……我爱你，因为你是你，那个内在的你……没关系，别担心，放心大胆地享受我们的爱……"或者，说一些能打消你负面心理的话来抚慰你，不时地提醒你，伴侣之间身体上的爱是自然的、神圣的，你值得而且也应当好好体验。

你有能力让你的爱人开怀大笑；你有能力让她喜极而泣；你有能力让他感觉很安全、被理解，直到过去所有的恐惧和疑虑都烟消云散；你有能力让她感到自己就是你生命中的珍宝，光芒四射，再也不会感到莫名的嫉妒或不安。

这种力量就在你们爱的言语里。爱的表白是无价的珍宝，它的价值永远无法估量。你可以用它来填满爱人的心，用它来抚慰爱人的灵魂。爱的言语可以被用来为你们织就牢不可破的关系纽带。最重要的是，你可以用它来创造快乐，就在此处，就在此时此刻。每当你和爱人分享爱的话语时，你就能给自己带来一段宝贵的真爱时光……

第12章
如何实践爱

♥ 把你的爱人抱在怀里

当无须言语，或者言之不及，或者已经词穷的时候，就该把你的爱人抱在怀里了。如果他正在害怕，或者他正在痛苦，而你已经没有别的办法了，那就紧紧地抱着他吧；这一刻她看起来如此美丽动人，你的呼吸简直都要凝滞了，紧紧抱住她吧；当你看到他在苦苦挣扎又不知所措的时候，去抱抱他吧；当你们俩都清楚，你早已习惯有她在的时候，请紧紧地搂着她。

一个简简单单的拥抱，却有着无与伦比的力量，它比最狂热的性爱更亲密，比最诚恳的交谈更加意味深长。当有人拥抱着你，你又情愿沉醉在他的浓情蜜意中时，你就踏入了一个神圣的领地。你周围原有的世界会渐渐隐去，你的宇宙就在他的臂弯里，时间仿佛也停住了脚步，除爱之外，再无其他，除了你们的爱，什么都不重要。

爱人的臂弯神圣而温暖，在那里，你可以得到疗愈、重归完整并得到救赎。

爱人温暖、安全的拥抱，能让你回到当下，体验属于你的那一份真爱时光。

每一个真正的拥抱，几乎都会自然而然地创造出一段真爱时光，因为拥抱会促使你们全身心地投入当下。当你和爱人紧紧地拥抱在一起时，你不会想去做其他事情。你们不是在试图挑起彼此的欲望，或者向对方提什么建议，此刻你们也不想谈论你们的关系，或者试着去做情侣们在一起时常做的那些——你们只是紧紧地拥抱在一起。

无论何时，当你需要回归爱的本真世界时，那世界就在爱人的怀抱里，要一个抱抱吧！当你静静地依偎在爱人的怀抱里时，一些神奇的事情就会发生。你会忘掉那些你原本以为重要的事情，想起哪些才是真正重要的事情。你会从你的思绪中跳出来，重新回到内心的本真世界当中。你们彼此不会再感觉陌生，也没有了敌意，再度融为一体。好好分享那时永恒的身心交融，你们就能重新发现你们之间的亲密关系。

有些人误将日常礼节性的轻轻一抱当成真正的拥抱，其实两者之间有着很大的不同。如果是礼节性的拥抱，你只会轻抱对方一下，并且常常要赶紧分开，以免造成过于亲昵的误解。当你和爱人拥抱时，心思、情形都会恰恰相反——你们都想多抱一会儿，再多抱一会儿……这个时刻，你们想要在拥抱中更亲密一些。

爱人之间常常会用轻轻的一抱来逃避真正的拥抱，逃避坦诚的交流或是用心感受对方。

轻轻一抱给不了伴侣真正需要的那些——她需要知道你有多么地欣赏她，他需要你因为最近对他的忽视而抱歉，需要你亲口说出"我想你了，想再见到你"。轻轻一抱固然也很好，但不能代替真正温暖的、爱的怀抱。

♥治愈的力量

人的一生中，第一次尝到爱的滋味，很可能是刚刚出生时母亲欣喜的怀抱。蜷缩在她的怀抱里，呼吸着这个崭新世界的空气，你感受到了欢迎、呵护和安全。母亲的能量包裹着你，为你创造了一个像你熟悉的子宫一样的庇护所，你总是会急不可耐地想要投入她的怀中。

这就是为什么被抱着会成为一种最基本、最原始的人生体验的原因。拥抱让你感觉仿佛是回到了人生的起点，它会一而再再而三地提醒你，应当如何交出自己，允许别人呵护你。拥抱教你怎样去接受。

当你被揽入爱的怀抱时，你内心深处的那个孩子就会重现。

在爱人的怀抱里，你会感觉自己是那么的小，那么的脆弱，就像小时候一样。你的头倚靠在他的肩膀上，紧紧地抱住他，慢慢闭上眼睛。那些有名和莫名的恐惧、魔影开始浮现在你的脑海里，其中的一些是小时候遗留下来的，另一些则是从近期的遭遇或失望中新冒出来的。你们俩谁也没有说什么，但是慢慢地，你会感觉到一种崭新的平静安宁开始在你的体内蔓延，两颗心之间流淌着无声的爱，正在抚慰着你的灵魂，填补着你内心的缺失。

昨天晚上，我试图修理一些温度很高的电器设备，不小心烫伤了手指。我走进房间，丈夫正在看电视，我给他看了我受伤的情况。他立刻去拿了冰块敷在我的手上，然后紧紧地抱着我。之后，他搂着我的肩膀，一只手抚摩着我的头发，和我一起静静地坐了几分钟。

当我依偎在丈夫的怀中时，我任由自己完完全全地沉浸在这个时刻：

……那时我还只是一个三岁的小女孩，不小心刮伤了自己的膝盖，疼痛难忍，但是那一晚我没得到爸爸的拥抱，因为那天晚上他没有回家。

……十岁的时候，我从自行车上摔了下来，感到很丢脸，因为我不像其他孩子那样灵活、健壮。

……我已经是一个二十、二十五、三十岁的女人了，在亲密关系里常常感到非常孤独，常常渴望着我爱的那个男人能紧紧地抱着我，就像现在这样。

……现在，我长大了，能够照顾好自己，但我依然懂得，一个温暖的、充满爱的拥抱能大大减少痛苦的体验，我非常感激，我终于找到了一个能给我这样爱的怀抱的人。

下面列举一些如何利用真爱时光来治愈自己心灵深处的旧伤痛的做法：

爱人拥抱着你的时候，呼吸之间，请深深地吸入你们正在分享着的那份爱，呼气时，想象着你已经吸入的爱的能量正包裹着过往岁月里遗留下来的伤痕碎片。

请想象一下，你的爱人正把你在不同年龄受过的伤痛都抱在了怀里。感受一下以往的每一个受伤的自己，无论那时你是一个小孩还是一个成年人，想象着你的伴侣正拥抱着那个你。如果愿意的话，你甚至还可以请伴侣对那些受伤的部分说些什么，帮助你更好地疗愈，比如，"只管安心做你自己，你已经很完美了"，"你无须拼命地工作，我不是因为那些才爱你"，"和我在一起请尽管放心，不用怕，我的爱会保护你"，等等。

请留意你自身任何企图阻挡你接受爱的障碍，在一呼一吸之间，轻轻掠过它们就是。请任由自己痛饮爱的琼浆，直到你能感觉到旧日伤痛正在消退，在原来的伤口上，一种新生的满足、完整以及宁静正在升起。

下面说说，怎样用拥抱来治愈伴侣内心的伤痛：

拥抱爱人的时候，请闭上你的眼睛，尽情感受他身上的伤痕和缺失。你可以把它们想象成一团团需要灭掉的火焰，或者一个个需要被填补的缺口。当你在吸气的时候，要感受自己正在充满对伴侣的爱，而当你呼气的时候，要想象你要将满心的爱一口气都倾注在他身上，来抚慰他的旧痛，填补他内心的缺失。

现在，再接着想象一下，你爱人所有的伤痛都被拥在你的臂弯里——那个受到惊吓的小男孩，那个被出卖了的年轻人，那个时不时会觉得自己简直一无是处的丈夫——感受你对他所有伤痛的疼爱。如果愿意的话，你还可以大声地向你的爱人表白，使用前面练习中提到的那一类话语，当然，你也可以对自己默念这些话语。

我鼓励你和伴侣共同尝试分享这些治愈性的拥抱，它将会为你们营造出一些最珍贵的真爱时光。如果你认为伴侣可能对这样亲昵的行为不感兴趣的话，你也可以在抱着他的时候独自练习，试着练习治愈性拥抱中你自己的那一部分，任何时候都行，他甚至不需要知道你在练习。你可能会惊讶地发现，有一天，他突然向你敞开了心扉，或者感觉非常好，而他自己还在莫名其妙这究竟是为什么！

今天，今晚，请拥抱你的爱人。无须解释，只是伸出手来，把他／她抱在怀里，全身心地投入其中，并对自己说：

"在我的臂弯里，我抱着我所珍视的一切。我抱着的是我的朋友，我的伴侣，我的至爱。我拥抱着的是上苍赐予我的大礼。"

"我好幸福。"

♥爱抚的力量

当你和爱人准备开始性爱之舞时，当渴望让两个分离的世界合二为一时，一场身心交融、如梦如幻的爱之欢舞将会以爱抚为序曲拉开帷幕。在你们的灵魂深处，一种渴望正在激起——渴望感受爱人在你指尖下的动人姿态，渴望感受身旁另一个躯体的温度，仿佛只有这样才能让自己确信，他是真的在这里，你们的爱是真实的存在。你们自己甚至都没有意识到，但内心已经在呢喃："我好想抚摸他。"你们的身体会聆听，并随之起舞。

你从自己的身体边界出发，向着爱人，伸出了自己的手，穿越分隔着你们的空间，直到你的手触碰到它的目的地——爱人的手、臂、腿、脸庞。顷刻间，一切都不一样了。你正在触碰伴侣生命世界的外缘，你已经能感觉到他就在那里，那里有完整的他，你现在就站在他生命领地的门外。你永远无法像触摸身体一样，触摸领地之内驻扎着的无形的生命本质，但是现在，这已经很让你满足了。两个躯体之间的联系已经形成，这种联系的牢固会让你从此觉得自己不会再孤单。

如果把触摸只看作一种身体动作或是性行为的一部分，那就是在欺骗自己、欺骗爱人，因为触摸的意义远不止于此。

就像话语能在你和爱人的心灵之间架起桥梁一样，爱抚则会在你们的身体之间架起沟通的桥梁，给予你们一种由内心深处无形的能量所激发出的身体体验，这无形的能量就是，爱。

触摸是爱的语言。它没有声音，没有规则，没有固定的表达形式。借由你的双手，你的心在与爱人交谈，用一种言语所不能企及的表达方式来抒发自己的情感。温柔地轻拂她的脸，顺着她的后背意味深长地上下其手，用指尖在她的小腹暧昧地游弋——这些抚触能超越任何口头言语的局限、极限，能更加强烈、更加深刻地传达出你正在升腾的欲望、渴求和情愫，此处无声胜有声。

♥学会用双手说情话

　　成为一个好爱人，意味着你得会用双手来"诉说"爱情，且能表达得优雅动听。就像任何一种语言一样，如果你想运用自如，那就必须学习、练习，直到掌握它。有手、有十指，并不意味着你就一定懂得如何运用它们来和爱人的身、心说话，就像一个人有了颜料和画笔，并不会自动变成画家一样，两种情形完全没有什么不同。

　　许多人从来没有学习如何用一种有意识的、充满爱意的方式来爱抚自己的伴侣。取而代之的，要么是漫不经心地东抓抓、西戳戳，要么就是畏畏缩缩地探一下、碰一下，有时甚至是生拉硬拽，就像一个两岁的孩子，自顾自地只管顺嘴往外蹦字儿，从不担心他说出来的话是否有意义。如果你曾经被这样戳弄过，你也许还记得，自己当时躺在那里简直不敢相信眼前的一切，心里直犯嘀咕："他真的认为这么做感觉很好吗？"

如果你自己曾经也这样对待过你的伴侣，这八成就能解释为什么你的爱人会对性明显缺少兴趣，为什么他会在你们的性爱过程中缺乏反应，或者，当感觉到你的手就像那个样子一路过来，即将到达某个肯定不舒服的敏感点时，他会恰到好处地突然开始犯起了头痛。

可悲的是，人们在青少年时期所能接受到的大多数既不充分又零零散散的性教育，讲的都是摸哪里就能让他兴奋起来。于是我们就记住了三四个敏感点，俗称"热点"，并在我们的性爱过程中，老老实实一个一个地戳弄几分钟。

光知道触摸伴侣的哪里是不够的，你还必须知道怎样去触摸。

许多伴侣都知道应该摸爱人的哪些地方——他们只是还不知道该怎样触摸。顺便说一下，如果你的伴侣连该摸哪儿都不知道，那就直白地告诉他——否则，光靠他自己是弄不明白应该怎么做的。

要想学习如何爱抚，你首先要弄明白并能充分领会手的魔力：

手不仅仅是人的一个器官、一个附属物，它们还是你体内流淌着的强大生命能量的发射器。东方医学解释说，人体内存在着成百上千的经络腧穴，或称之为能量通道，就像四通八达的高速公路一样。生命能量沿着这些通道移动、传递，根据经络腧穴学的描述，人的指尖汇聚着许许多多的经络末端。这就意味着你的手可以释放出大量的生命能量，这也就是为什么你的触摸会如此动人心魄的原因。

当你触碰你的伴侣时，你的手不仅仅是在刺激那些让他能产生愉悦感的神经末梢，你的触碰实际上还在将你的生命能量注入爱人的灵与肉当中。

所有的手都可以给人疗伤，这样的能力不仅仅属于医者之手。这就是为什么你在接受按摩后会感觉好多了，为什么你在轻抚、轻拍孩子的背部时孩子会停止哭闹，为什么当你感到哪儿疼痛的时候，你的手会自然而然地去抚摸伤痛的部位。你可能并不懂得经络腧穴学原理，也搞不清它们是怎么运作的，但在自己的日常生活当中，你实际上已经体验过它们了。

试试下面这个实验，看看你能否感受到来自你手上的生命能量：

当你读完本书这一小段的时候，请将书放下，伸出右手，拇指在上，小指在下，就好像你要和某人握手一样。然后，以同样的方式伸出左手，并靠近右手，让两手相对，处于平行的状态，但不要有接触。慢慢地，让你的两只手相互靠近，近到它们几乎快要碰上，然后再慢慢地让它俩分开，分到差不多1厘米的地方。就这样，多做几次。如果你细细体会的话，你应该能注意到，当两手之间的距离越来越近时，你的两个手心会有一些轻微的感觉，就好像有什么东西在轻拂它们。如果你能有所感受的话，那么，那个东西正是从你手上辐射出来的生命能量。

不幸的是，我们体内所蕴含的生命能量并不总是充满爱，也并不总是具有治愈性的。有时，我们携带着的可能是愤怒的能量、恐惧的能量，或者其他形式的不和谐的能量。那些过去岁月中埋下的、没有表现或表达出来的伤害或不满，过去或现在一直没能得到释放的怨恨，你还没能消除掉的某些不安和紧张感——当你触碰他人时，所有的这些都可以通过你的手"泄露"出来。这些情感甚至不必一定要涉及你所爱的人，它们可能样样都有自己的源头，抑或是童年时期遗留下来的情感创伤。但是，只要你打开了心灵的闸门，让爱流淌，它们也会跟着冲出去。无论你的心中有什么，它们都会从你的手中流淌或散发出来。

触摸爱人的时候，你的指尖会传递什么样的能量，取决于你内心情感能量的种类和品质。当爱人触摸你的时候，他的手中会流淌出怎样的能量，则要取决于他的内心状况。

这就是触摸的力量。归根结底，当你触摸伴侣时，他的感受取决于你的内在和心灵究竟怎样。

你当然可以阅读那些关于性爱的书，并且学习一些新奇的技巧来激发伴侣的情欲。但是，如果你只用脑不用心，也就是说只依靠性学指南以机械的方式触摸爱人，而不是依从心中的爱来引导自己的双手，那么就不会有太多的生命能量从你的指尖中流出，你想让爱人情欲高涨的所有努力也就不会有多大效果，或者，根本徒劳无功。

你可以用言语来说谎，但你的双手不会说谎，因为于不知道怎么撒谎。它们只会传递爱，或者不传递爱。你无法假装充满爱意的触摸，因为要让你的伴侣能感受到爱，靠的并不是你的手在做什么——靠的是你心中有爱，并能从你的手中散发出来。

对于这一点，大多数情况下，女人要比男人更加敏感，因为对于女人来说，想仅仅从身体某些部位的刺激中唤起性欲是比较困难的。

我们需要从伴侣的抚摸中感受到爱……

我们还需要感受到他和我在一起时的心潮澎湃……

我们需要被爱意浸润得如醉如痴，而不仅仅是被撩拨得意乱情迷。

正是触摸背后的那份爱，而不是触摸本身，才能让女人感觉到足够的温馨、有足够的安全感，如此，情欲才会自然展开。

用爱来撩动你的伴侣。

爱是最能激发情欲的东西。爱的能量会驱使我们身体里的每一个细胞都开始欢快地跳动，爱的能量会让我们的内心充满温馨、欢愉和喜悦。当爱从你的心坎儿流淌到你的手中时，伴侣就会觉得你的手仿佛是带着电，每一次触碰、爱抚都能拨动他的心弦，带给他独一无二的幸福感受。

如果你想成为值得伴侣去爱的人，那就必须要问问自己：

"我的抚摸里有爱吗？表达得怎么样呢？"

"我的爱抚向爱人诉说了些什么？"

不管你是否意识到了这些，你与伴侣之间的任何一次肉体接触，都向他的身体发送着无声而有力的能量信息。也许你的那些触碰一直是在说：

"快点兴奋起来啊！我不想花太长时间。"

"你感觉怎样我不管，反正现在这样做，我自己已经感觉很棒了。"

"这样摸你，我有点儿不好意思。"

"对于你，我找不到以前那样的感觉了。"

如果你不知道自己的触摸都"说"了些什么，让你的伴侣告诉你，他感觉你的触摸是在说些什么。当然，爱人在不同的状态下反应会有所不同，你要力争对听到的反馈始终保持开放的心态，即使有些话会很伤人。而且，你还要诚实地面对你自己在做爱时的真实感受，以及为什么你的伴侣会有那些感觉。

♥ 如何实践爱

用爱去触摸你的伴侣，第一步是要找到你内心对他的真爱。在开始做爱之前，你可能要花点儿时间，闭上眼睛，好好想想自己有多么在乎他，他又是多么的棒。多想想他做的那些你非常钟爱的事情，多想想他给你的生活带来的欢乐与美好。不要为你脑海中隐藏着的那些对他的不满或不快所困扰——现在可不是琢磨他哪儿不顺眼的时候（否则你自己都肯定"热"不起来），恰恰相反，现在正是需要你不断提醒自己，他是多么的好、多么美的时候。

一旦你在心中感受到了对爱人的浓情蜜意，第二步就是要将爱的能量从你的心底升腾起来并输送到手中。这里有几个技巧可以用来实现这个目标，试试下面罗列的这些，当然，你也可以创造出一些自己的独特方式。

爱的洪流

感受着你心中对伴侣的爱，就像是具有无穷力量的汪洋大海。想象着，那一片汪洋清澈透明、波澜壮阔、波光粼粼，然后，再想象你的双臂就是两条湍急的河流，你胸中正波涛汹涌着的爱的洪流顺流直下，激荡着涌入你的手中。好好感受一下爱的洪流正带给你的手心、指尖那一股股激荡的力量。当你开始触摸爱人的身体时，想象着不可抑制的爱正从你的内心奔涌到你的手中，又从你的手中倾入到爱人的身上。

爱的火焰

想象一下，你对伴侣的渴望和挚爱就像是一场熊熊烈火，此刻正在你的胸中燃烧，正喷发着强劲而炽热的火焰。想象并感受着，那火焰正红光摇曳、热力四射。这不是火灾之火——我们内心燃烧着的，是激情的火花，它碰到谁，谁就会被点燃，迸发出火一般的激情。然后，想象着你心中爱的火焰正顺着你的手臂蔓延到你的掌中，好好感受一下从你手心和指尖散发开来的热度和激情。开始抚摸爱人的身体时，想象着那似火的欲望和激情正从你的手上传递到伴侣的身上，你在用欢愉点燃他的肉体，你在用欢乐点燃他的心灵。

爱的光芒

对爱人的炽烈情怀，终将让一个人走向成熟、充实、圆满和升华。把你心中对伴侣的爱想象成实现圆满和升华时，你就会胸怀着一束束美丽的、耀眼的光芒。那光或白、或金、或玫瑰色或其他颜色，想象着你的内心充满了光芒，就像一个充满爱的、光芒万丈的太阳。现在再想象一下，你的臂膀就像两条耀眼的光带，将你心中爱的光芒畅通无阻地传导到你的手中。感受一下，你的手心和指尖仿佛正在放射着美丽的光芒，仿佛还会微微有些酥麻感，当你开始触摸伴侣时，想象着一束束光芒从你的手心、手指奔涌向爱人的身体，直照得他通体发亮。

心怀敬意去爱抚

人们在爱抚的过程中，常常会偏离爱的宗旨，一个很重要的原因就是，他们过于关注对方的身体部位，特别在意需要用多长时间让伴侣有性兴奋，而忽视了应当如何触摸那些部位，以及那些部位属于谁。"我正在抚摸乳房，天哪，太兴奋了！也许，如果我这个样子捏捏，还有那个样子揉揉，说不定她会兴奋得更快些……"你边动手边在心里嘀咕着。留意你触碰到的部位，或者想让伴侣感觉更好，这本身并没有什么不对。但是，如果你只是像个好色之徒一样，将乳房、大腿或者小肚子看作性器官，看作肉欲对象，而根本忘记了胸部、腿部或腹部属于谁，结果，你很可能会落入这样的境地，你只是在和一具肉体性交——而不是在和心爱的人做爱。

总是带着要让伴侣兴奋起来、性欲高涨的单一目的去抚摸伴侣，这不仅会干扰你自己的"性"趣，甚至不可避免地会让你乘"性"而来，败"性"而归。

当你太在意怎样让爱人"热"起来的时候，你就会错过此时此刻你们正共同经历的真爱时光。你会把抚摸当前戏，是你在做"真正的事情"之前附带着要做的一些事情，而不是把触摸本身看作一种爱的活动。这就是为什么很多人会对性交前的爱抚过程敷衍了事、草草收场的原因——我们正试图把前戏"赶出去"，以免耽误"正事"。结果就是我们会错失那些宝贵的亲爱、亲昵和亲密的时刻，错失一场更加酣畅淋漓、动人心魂的性爱。

你所能经历的最美好、最摄人心魄的真爱时光，就出现在当你伸手抚摸爱人时，没有目标导向，没有刻意找寻或期待某些特定结果的时候。当爱抚他时，你全神贯注，投入全部身心，我用心怀敬意这个词来称呼这种做法。

心怀敬意，意味着你要把你的全部注意力集中在肉体的主人身上，你不仅仅是在和他的肉体做爱，更是在和他的心神和魂灵相交、相融。

心怀敬意地去触摸

畅想一下，你的爱人是世界上最迷人也是你最珍视的人，是你所能想象的一切最美好的事物的化身，是上苍赐予你的最伟大的礼物。此刻，他就在你的面前，你并非意在撩拨一具肉体的情欲，而是要去爱慕他、崇拜他，那个躯体只不过是他本人的外在体现。照你意欲的那样，伸出手，去触摸他，就像是在触碰一个无价的珍宝，慢慢地、小心翼翼地，心怀敬意。

当你的手在他的身体上游走时，让你的心绪始终保持着这样的敬意："我正在触摸着这世上我最爱慕、最珍视的东西。"请不要认为他的某些身体部位要比其他部位更令人兴奋或更性感撩人，请将你爱人的身体看作一件优雅细腻、近乎完美的生命雕像，是一件举世无双而你却有幸得以独自瞻仰的神圣艺术品。

即使当伴侣的身体已经被唤醒，已是春意盎然，也不要让眼前的美好春光戛然而止。请不要总是惦记着想让伴侣好好领略接下来的所谓无限风光——全身心地专注于当下吧，就在这一刻，好好爱她，春去春还来，你们俩有的是时间。

当你心怀敬意地触摸、爱抚爱人时，请在你的心中默默地提醒自己：

"我的目的不是要让他兴奋起来、情欲大开，我的目的是亲他、爱他，就在此时，就在此刻。"

当你心怀敬意地触摸、爱抚她时，你的爱人会有什么样的感受？她会觉得你是在崇敬她、爱慕她，就好像她的每一寸肌肤都同样美丽，令人向往。她会觉得此刻自己就是女神，她会感觉到你比以往任何时候都更爱她。她的身体还会比你以往所见的更加妩媚，反应更加强烈，虽然这并不是你刻意追求的效果。为什么呢？因为你的爱已经穿透了她的肉体，浸润了她的全身，她心魂的最深处已然为你敞开。她能感觉到你正和她在一起，两个人身心通透，两个人水乳交融，就在当下，就在这一刻。

索取式触摸和敬献式抚摸

一些人之所以触摸爱人，是为了能让自己感到更加兴奋和刺激，而不是要用手来表达对伴侣的爱。我称之为索取式触摸——与之相反的，就是爱的触摸、敬献式触摸，此前我们一直在谈论的就是后一种。当你在做索取式触摸时，你的手不是在传递爱的能量，而是为了满足你自己的性欲，正从伴侣身上抓取性的能量。

当你在做索取式触摸时，你的注意力会集中在自己的"性"趣点上，你要设法让自己快活，无视她的感受。当你的手在伴侣的身体上游走时，你满脑子想的就是："瞧这乳房！它们好让我'性'奋。我正摸她的大腿——这简直让我'性'奋不已啊！！"

索取式触摸会将你与爱人分离开来，将你孤立在独自取乐、自我刺激和兴奋的世界里。就好像伴侣的身体只是一个你用来刺激自己的东西。当你以索取的方式触摸她时，你的伴侣会有什么样的感觉？她可能会感到被利用，你是你、她是她，而且还会因为无法赶上你的"性"趣水平而沮丧，甚至手足无措。

你用手做了什么，并不能决定你的触摸是在索取还是在敬献，决定触摸性质的是触摸背后的意图和用心。

作为一个伴侣，你可能手法一流，但如果你只是为了满足自己的欲望而触摸伴侣，即使你的手法再好，她可能也不会有多大感觉。请记住，不是因为你的手做了什么而使得她"性"趣盎然——是因为你手上散发出来的能量，当已经没有爱的能量从你手中流出，甚至你还在吸取伴侣的能量时，你就会变成一个"性能量吸血鬼"。

当你和爱人并不打算真正做爱的时候，你们两个可以轮流实践一下，看看索取式触摸和敬献式触摸分别会给对方带来什么样的感受：

闭上眼睛，选择一种触摸。如果你们选择了要实践一下索取式触摸，那么抚摸的手法要跟平常一样，但是抚摸者要想象着你的手就是一台吸尘器，正在从伴侣的身上吸走所有的能量。如果你们选择了敬献式触摸，请运用上我在本章前面提到的技巧，看看爱人是否能够感觉到索取式触摸和敬献式触摸的区别，并猜猜你正在做的是哪一种触摸。你会惊讶地发现，你的意图和用心会产生多么大的影响，以及敬献式触摸会是多么强大，会带来多么强烈的性兴奋，不仅对被触摸者是这样，对触摸者来说也是如此。

你的手拥有一种神奇的力量。它们能让你的灵魂唱歌，它们能于无声处说话，它们能让你的爱清晰可见。

就像艺术家用黏土塑造人像一样，你的手在触摸爱人的时候，也在为你的爱和奉献赋予某种形态，让你的爱人知道，你有多么爱他。

爱人的身体就是一座神圣的殿堂，用你的触摸来崇拜那圣殿吧！

你的爱抚就是一首赞美诗，用它来吟诵你的爱人吧！

用你的触摸、爱抚去诉说你心中无以言表的情愫吧！

用你的触摸去爱吧！

♥生命最初的滋养

不知怎么他拥抱着你、抚摸着你，你感觉到他的身体正热烫烫地贴着你、压着你，光有这些还不能让你满足，你渴望更多。你渴望品尝他，轻咬他的嘴唇，想要迷失在他的舌尖上。那么现在，就该是你们接吻的时候了。

接吻是伴侣间最亲密的性行为之一。当你的嘴唇印上爱人的嘴唇时，你们就是在分享生命的本质——呼吸。正是呼吸，在支撑着你们各自生命的存在。正是呼吸，把氧气源源不断地输送到你们的大脑，让你们能思考、去感受，让你们活在有爱的日子里。

当你与爱人分享你们的呼吸时，你们就是在为彼此提供你们最神圣、最必不可少的生命财富。

呼吸是你生命的开始，也将是你生命结束的最后一环。在子宫里，母亲为你呼吸。然后，你一出生，就会急不可耐地品尝人生的第一大口空气，于是，你就开始活下来了！

就这样，呼吸是你生命最初的滋养，而且到现在也是你生命中最重要的事情。这就是为什么分享呼吸是爱人之间最有意义的爱的行为之一——你们正在分享彼此生命当中一刻也不可或缺的滋养。

分享食物是爱的一种非常古老而又原始的生活形态。从远古开始，分享食物的行为就是将部落、家庭，当然也包括配偶联系在一起的纽带。所以，亲吻就是分享呼吸，就是在分享生命的滋养、生命的食物，亲吻将你和另一个人紧密地结合到了一起。

出于本能，我们能明白这一点。在我们的一生当中，有时会意乱情迷，让异性看到我们的裸体，触摸我们，甚至有了性关系，但或许我们并不情愿让他们真正地亲吻我们，或者反过来，我们也不愿意真正地亲吻他们。因为真正的、亲密的接吻会让两个人之间的情感更密切，为一段短暂的情欲注入更多的内涵，而我们可能并不希望那样的事情发生。

因此，真挚地、充满激情地热吻着的双方，是彼此相爱的，是彼此平等的，且彼此都向对方敞开了心扉。亲吻这种行为方式，就其独一无二的内涵来说，甚至要超越性交。热吻着的人，都在向对方提供着人间的神圣，接受着生命的圣礼。有人可能会认为，接吻不就是亲个嘴儿吗，但事实上，真正的接吻会让人们的灵魂共同呼吸。

♥ "享用"你爱的人

人类是离不开嘴的一种生物——我们总喜欢把一些东西放到嘴里，甚至是那些我们并不真正需要的东西：棒棒糖、牙签、口香糖、糖块儿、烟斗、香烟，还有指甲……很多很多，简直不胜枚举。一旦想要的东西进了我们的口腔，我们就会心满意足地或咀嚼、或吮吸、或啃咬、或哑巴，抑或是一通狼吞虎咽，大快朵颐。

当然，我们最喜欢吃的东西还是食物。人类除了性方面的欢愉之外，再没有哪一种快乐能像吃东西一样令人愉悦了（尽管有一部分人颠倒了这两件事情的重要性）。当你把"吃"的需求和爱的渴望结合在一起时，你就有了亲吻！

接吻就是我们"咀嚼、吮吸、啃咬，或是一通狼吞虎咽"

这世上我们最珍惜的那个人——即我们的伴侣的方式，就是在"吃"、在"享用"自己的心爱之人！！

如果我们把接吻只看作性爱过程中"真正有趣的一幕"之前的序幕或是前戏，那我们就可能要错过好好"享用"自己爱人的机会了。接吻的目的不只是为了要让伴侣"准备好"——而是要立刻开始体验你们的"合一"；亲吻并不是通往高潮道路上的一个休息区、加油站，亲吻本身就是一顿完整的爱的圣餐。

伴侣的口唇是他生命的入口、门廊。从这种意义上来讲，接吻的行为就与性器官的交合行为相仿。你的一部分进入了伴侣的身体，或是你的一部分接受了伴侣的进入。

当你走近爱人身体的家门口，不管是他的口唇，还是交合时她那"花儿"的开放，不要忘记应有的礼貌，请展示出你的优雅举止：

叩门永远要轻轻的，请耐心等候，直到主人邀请你进门。

如果是亲吻，请让你的嘴唇和舌头带着敬意与伴侣的口唇慢慢接触——不要让舌头直接闯入，要让你的双唇先安静地说声"你好"，直到你能觉得爱人开始接受你。如果你希望她的"花儿"为你绽放，同样的礼数也是应该要有的——让你的嘴、手指或阴茎慢慢地靠近她神圣的入口，带着敬意，如此这般，你会被更快地接纳，而且，一旦你进去了，你会发现一个更快乐、更令人愉悦的身体正等待着向你致意。

在爱人的眼里，亲吻就像触摸一样，它背后的意图和用心将决定这一吻究竟是敷衍的还是庄重的。如果亲吻时你爱心满满，让爱从你的心田流淌到你的嘴唇和舌尖，那么你的吻就将能把爱的热力和能量传导给你的爱人。但如果接吻时你不带任何真情实感，接吻的主要目的就是为了让你自己"性"趣盎然，或者在接吻时总想着要快快吻完，吻完了就可以马上开始真枪实战，那么你的唇、舌恐怕就不会受到欢迎，会被当成强行闯入爱人口里的入侵者，不友好，也毫无吸引力。

在本章中我提供给大家的爱的触摸技巧，同样也可以用来创造出最甜蜜、最令人满意的吻。

想象着你胸中满满的爱的渴望和奉献正在心中冉冉升起，与流淌到手上不同，现在是升腾到你的口、舌、唇，直到你的唇和舌在为爱震颤。想象一下，每一个热吻，你都在用爱轻抚着爱人的唇舌，感受着爱意从你的嘴里流淌到伴侣的口中。

告诉你自己："我不仅仅是在亲吻爱人的嘴巴——我是在亲吻她的心，亲吻她的灵魂。"

你还可以运用与前面所提到的"爱的洪流、爱的火焰、爱的光芒"相类似的做法，或者运用与"心怀敬意地去触摸"相类似的技巧，来使你的吻更加充满热力，更加摄人心魂。

吻是你对爱人的祝福。

无论你亲吻爱人哪里，你的爱都在向着他身躯的那一方领地朝圣，你的呼吸都在为那一方领地祝福。

当你的吻在爱人的身体上游走时，请想象着，你的唇舌是在向他／她的身形膜拜，因为他／她是你的人间挚爱。你的唇舌每到一处，都在播撒小小的祝福，都是在仰慕、在赞美：额头、乳房、小腹、双脚、幽密之所。

亲吻你的爱人，让你的唇舌和她身体的每一寸尽情交欢……

亲吻你的爱人，仿佛这就是当下你所能做的，并且要做得足够……

亲吻你的爱人，就像生命的呼吸在你们之间舞蹈，让你们的每一个吻都是彼此灵魂的分享……

第13章
停在当下

♥ 性爱的真相

关于性爱的真相：就肉体而论，两性结合就是人们拼命渴望得到的性器官的摩擦、肉体的挤压、喘息和欢愉，甚至人们所追求的无与伦比、电闪雷鸣般的性高潮，实际上仅仅只是性爱开始的第一个篇章。性爱，理所应当地要以两个肉体的合二为一为开篇，理所应当地要以两个灵魂狂舞在无边无际的二人世界为尾声。如果你选择要踏上追寻"大爱"的旅程，如果你要将性体验升华为神圣的灵的融合的话，那么，这样的开篇、这样的尾声就是等待着你的必由之路。

没有多少人真正严肃认真地探讨过，人类的两性结合及其对人们在身体、情感以及灵魂层面的转化力量。我们生活在现代西方文明当中，时至今日，这一文明仍是仅仅学习如何从性的生理层面让人更加舒适、欢愉，并且学得很慢——我们甚至都想不到还会有比"很棒的性"更棒、更加非凡的东西在等待着我们。相反，我们只是一门心思地醉心于用性来寻欢作乐，而错失两性结合所能创造出的真正魔力。

你和爱人可以分享的最精美的真爱时光，就出现在当你和爱人开始探索两性灵与肉的狂欢时。肉体的娱乐成为宇宙生命力得以自我表达的平台，在你们的体内彰显，在你们的体液之间传递，在你们的周围抛洒。以往的性爱，你会体验到欢愉、快乐，现在，你将体会到真正的人间大乐，知道什么是真正的狂喜。

这样的体验，对于我们大多数人来说并非遥不可及，也并非只有那些花了很长时间研究东方性爱技巧的人才能独享。性爱的神圣与庄严，是人类两性之间所有活动的本质，要想体验到它，你需要做的，就是要让自己尽可能多地浸润在两情相悦的真爱时光之中。

两"性"相悦的真爱时光，就出现在当性退居其次而爱无与伦比的时候。

当你和爱人的肉体合二为一时，就会引发两种潜在的可能，或是巨大的快乐，或是巨大的悲伤。所有类似的重大行为

都会存在类似的重大风险：

　　……如果你们的身体已经紧密相连，但两颗心却还若即若离，当性爱完成的时候，你有可能会感到比做爱之前更加失落、更加空虚。

　　……如果伴侣对你的肉体如醉如痴，但却似乎忽略了你的内在、漠视你的心灵，你可能会感到愤怒、觉得丢脸。

　　……如果你向伴侣敞开了你的身体，但他却没有向你敞开心扉，你可能会觉得被人利用、感觉受了伤害。

　　你和爱人都是很棒的性伴侣，光有这一点还不够，在肉体欢娱之时，你们必须都心甘情愿地臣服于彼此的爱并被对方深爱着。若要将性爱从肉体行为转化成神圣的仪式，并由此深化你们之间的关系，爱总是必不可少的。

　　所有的性爱都应该以有所创造来到达顶峰并谢幕——它应该孕育更多的情，让更多的爱降临。这就是为什么我们将其称为"做爱"的原因。

　　对于性爱的神圣与庄严，许多伴侣在做爱的过程中往往只能体验到短短的一瞬：突然之间，你们两个人之间的界限消失了，你们合一了，成为一个你中有我、我中有你的统一体；在汹涌澎湃的激情中，突然无法感觉到你自己身体的止端在哪

里，伴侣的身体又是自哪里开始；在性爱高潮的那一刻，你突然感觉自己仿佛在随着宇宙不朽的永恒律动在起舞、在战栗。

我们经常会把这一类"身体自然巅峰"的感受归因于正在进行着的两性交合，但实际上，它们与性本身并无必然的联系。这类非凡的精神体验之所以发生的真正原因是，每一次性爱，两"性"相悦的种种行为会迫使你们全身心地投入当下，因此，也就会迫使你们全身心浸润在一段真爱时光之中。你们彼此都向爱人完完全全地交出了自己，不再去想独自的那个"我"会想要些什么，而只是简简单单地委身其中，任由沉浮。

在两"性"相悦的真爱时光中，人一旦完全放开了自我控制，你就能感受到比你自己、比你的伴侣、比你们两个人加在一起还要大的能量。它仿佛无边无际，永无休止，幸福无限——那就是生命的力量，是世间万物的起始。

对此你可能未必苟同，你也许会想："这有什么啊？听起来跟我所经历的性高潮也没什么不一样么——那会儿，我也仿佛失去了控制，处于一个更嗨的、欣喜若狂的状态。"是的，如果你和大多数人一样，那么，你只是在性高潮的那一刻才可能会完完全全地交出自我，所以你也就只能在那稍纵即逝的一瞬间体验到直上云霄般的快感。但是，其实你不必非要等到那一刻，你原本可以更多地体验到性高潮式的极度兴奋。

当你学会在你和伴侣之间持续保持完完全全的开放和融合

时，做爱就能变成一段不会落幕的高潮。

在两性结合的过程中，你一定能找到属于自己的方式，让爱人，并最终也让你自己进入灵肉皆狂、无比欢畅的真爱时光。如果需要，有关这方面非常优秀、翔实的书籍有很多，可以作为技术指南，指导你来获得那样一种精神性体验，这里不再赘述。因为本书的目的并不是要教授这些行为方法，而是要帮助你拓展视野，敞开心扉，并以此为开端，让你和爱人能获得更加彻底、更加神圣的性的欢爱。为此，你们就需要在两性结合的过程中，创造出更多的、更加丰富多彩的真爱时光。

♥停在当下

如果你们的性爱带有某些特定目标，那就难免会错过许多本可以让你们的性爱变得更加异彩纷呈的良机。你会迫不及待地让伴侣快点儿"热"起来，或者想快点儿让自己达到性高潮，或是变着法儿地非要让眼前的这场性事与你脑海中关于它"应该"是什么样子的性幻想相匹配。你专注于想要发生的事情，就不能彻底地体验当下。

如果做爱就像赶路，一路上着急忙慌地，那你必定会错过沿途的大好风光。除非你关注当下，用心品味眼前的一动

一念，否则你永远都不可能享受到一直等待着你的永恒、狂喜的真爱时光。

急于达到性高潮恰恰是阻止我们获得持续性的情欲高潮的一大障碍。如果你不明白我在说什么，那么当你做爱的时候，请试着放慢速度。也就是说，当你感觉到自己体内的性能量已经积聚到相当的程度，几乎承受不了的时候，不要继续往前跑，不要即刻把自己推向顶峰。

相反，请暂停……呼吸……在又开始动之前，让自己的身体适应一下当下的感觉强度。这看上去像是什么也没有做，但是，如果你让自己的意识沉下来，沉得再深一些，深入到你一动一念之间的静谧之中，并用心品味正在你和伴侣之间汩汩流淌着的浓浓爱意，而非你自己又一次的性唤起，你会发现，自己正在融化。

当你们在新的高度上又一次准备停当，你俩就可以继续携手前行。你会发现，你现在能够容纳更多的快感和更强烈的刺激，情欲的海浪越来越高，你也不是必须决堤。

"停在当下"，你做得越好，爆发之前，性能量在你体内循环、激荡的时间就会越长，灵肉皆狂的时刻就会来得更加轰轰烈烈。

♥ 用心去爱

两性的结合中，创造爱侣间的真情实感和心醉神迷的，是你内心的感受，而不是你身体的动作。关于这一点的重要性，甚至比爱抚或亲吻还要有过之而无不及。如果你已经领会之前我所描述的要心怀敬意地去亲吻和爱抚的重要意义，你就会明白，心怀敬意地去做爱，才是你们摘取更高水平的性体验的唯一方式。只有你们发自肺腑的爱，才会让你们彼此都感觉到足够安全，放飞自我，心甘情愿地臣服于此刻正在你们的灵与肉之间激荡着的来自宇宙的能量。

性爱中，女人怎样让男人感到被爱

当男人进入你的时候，他能感觉到你哪些地方并不愿意全盘接受他，哪些地方甚至根本就不欢迎他。即使他能进入你的肉体，但在精神上，他依然能感受到你的拒绝或回避。大多数男人都不会明确地意识到这一点，但他们的"匆匆忙忙"实际上就流露出了这种潜意识，因为快快完事之后他们就可以离开，继续干他们爱干的那些事儿，省得在你的若即若离中遭罪。

作为一个女人，阻止你完完全全接受一个男人的障碍，往往与你害怕受到伤害有关，或者与你过去曾经被其他男人伤害过有关，或者仅仅就是害怕让别人深深地进入你的身体。当你的男人进来以后，你越让他感觉到受欢迎，你们的情感交合就越强健，你们的"巅峰"就会越高。

当你想要让自己的身体接受你的男人时，请想象着自己的身躯正欢欣雀跃地迎候着他，想象着你正在心里对他说："亲爱的，我的全部欢迎所有的你，我接受你带入的一切，我接受在你身上所出现的一切。"请想象着你的身体正围绕着伴侣发出美丽的金光，你能看到那光正在一层层铺开，直到覆盖他的全部，并让他身处安详与挚爱的光环的中央。请感受你的身体正在畅饮你所钟爱的男人带给你的能量精华，你的灵与肉正在为他此刻的存在而欢欣鼓舞。

性爱中，男人怎样让女人感到被爱

当女人接受你进入她的身体时，她就能感知到，你的内心和灵魂深处的某一部分似乎并不愿意与她分享，它们没有连同着你的阴茎一起进来。对于一个女人来说，始终知道你仍然有所保留，而自己却又像现在这样毫无遮拦地敞开身体，是一件很痛苦的事情。虽然她可能并没有明确地意识到刚才我说的这些，但本能会驱使她的身心充盈着难以名状的孤独感和忧伤感——她正想念和渴望着你的全部真情实感。莫名其妙的未知状况和不确定性，可能会使她的身体难以松弛、持续紧张，要么很难达到性高潮，要么让她焦虑不安，情绪过度敏感。

正如你正在穿透她的身体，女人也需要感觉到她的情感正以同样的方式穿透着你。

就像男人在性交中需要感受到女人全身心的接受一样重要，女人也需要在这一过程中感受到男人在情感上对她的完全接受，即你应当毫无保留，把你的所有都带给她。你越是毫不迟疑、无所畏惧地让自己屈服于对她的爱，你们两个就越能感受到更多的浓情蜜意，你们之间"爱的波涛"就会越来越汹涌。

当你即将进入自己的女人，请想象着，你的全部身心都充满了喜悦和期待，正缓缓流入她的身心。你要在心里对自己说："我的爱人，我把我的一切都带给你、带进你。请感受着我，我的所有正在走进你那神圣非凡的生命发源地。我要向你赐予我的接纳致敬。"请想象着，你看到了自己被美丽的金色光芒包裹着，看到那光进入了她的身体，将你的爱和崇敬传播到了她的心里，直到它覆盖了她的一切。想象着当你穿透她的身体时，她的爱也正在穿透你的心，你的内在正完全接受着她。

不要低估这些做法和技巧的力量。它们会助你向爱人敞开心扉，也帮助爱人能更加毫无保留地向你敞开自己。

当两颗心之间的通道畅通无阻时，你们的灵魂也就能在两个肉体合二为一的同时融合到一起。

　　于是，你们的身与心都在做爱，灵与肉都在共欢，在你们之间，除了爱，再无其他。这就是神圣的灵与肉的共享共有，这就是身与心的欢天喜地、欣喜若狂。

　　接下来，就会是这样的……

　　你们躺在一起，正融成一体，

　　正化成爱，那是万物的源泉，

　　正化成所有，那是天地间的生机。

　　你们是永恒的爱人，

　　一切的欢乐，因你而生，

　　所有的眷恋，因你而起。

　　有了你，就有了一切，

　　万水千山，到处都是你的足迹。

　　爱是家园，

　　你们

　　已经回到那里……

结语
爱的真谛

爱的目光

生活在一起的伴侣，常常会生出彼此间仿佛并未能相知相爱、身心交融的感觉。最亲密的人就睡在你身边，和你做爱，和你一起共进早餐、享用晚餐，有时眼睛望着你，眼神却似乎在游离。四目相对的时候，触摸不到对方的感受；肌肤相亲的时候，灵魂不能够彼此相拥……如果这一刻，他能用深情的目光凝望着你，你恐怕会觉得任何礼物都换不来如此的柔情蜜意，也没有任何甜言蜜语能比此刻更让你着迷……

爱的言语

你知道怎样用言语来爱她吗？你知道如何用绵绵情话让她

的身体像鲜花一样为你绽放吗？你知道如何告诉他，你有多么的想要他，直到他为你而热血偾张吗？……你有能力让你的爱人开怀大笑；你有能力让她喜极而泣；你有能力让他感觉很安全、被理解，直到过去所有的恐惧和疑虑都烟消云散；你有能力让她感到自己就是你生命中的珍宝，光芒四射，再也不会感到莫名的嫉妒或不安……这力量就在爱的言语之中……

永恒的怀抱

一个简简单单的拥抱，却有着无与伦比的力量，它比最狂热的性爱更亲密，比最诚恳的交谈更加意味深长……无论何时，当你需要回归爱的本真世界时，那世界就在爱人的怀抱里，要一个抱抱吧！当你静静地依偎在爱人的怀抱里时，一些神奇的事情就会发生。你会忘掉那些你原本以为重要的事情，想起哪些才是真正重要的事情。你会从你的思绪中跳出来，重新回到内心的本真世界当中……

爱的触摸

要成为一个情意绵绵的爱人，意味着你得学着用双手来诉衷肠，优雅、生动、流畅且不可抗拒，就像任何一种语言一样，如果你想运用自如，那就必须学习、练习，直到掌握它……光知道触摸伴侣的哪里是不够的……你还必须知道应该怎样触摸。

爱的热吻

接吻是伴侣间最亲密的性行为之一。当你的嘴唇印上爱人的嘴唇时，你们就是在分享生命的本质——呼吸……唯有热吻之时，伴侣同时向对方敞开心扉，我们的灵魂在共同呼吸。